박철범의
방학 공부법

"당신의 삶을 사랑하기 위해
공부했으면 합니다."

방학을 앞둔 _____ 에게
뜨거운 응원을 담아 선물합니다.

_____ 드림

박철범의
방학 공부법

성적 급상승을 부르는 방학 맞춤형 공부법

박철범 지음

다산
에듀

『방학 공부법』을 읽은 독자들의 뜨거운 후기

대한민국 중·고등학생들의 필독서

이 책대로만 한다면 이 세상에 공부 못하는 사람은 아무도 없지 않을까 싶을 정도로 제대로 된 공부법을 알려준다. 대한민국 중·고등학생에게 꼭 필요한 책이라 할 수 있다. 성적을 끌어올리고 싶은 학생이라면 그리고 지금보다 공부를 잘하는 방법을 알고 싶은 사람이라면 꼭 한 번쯤 읽어 보길 바란다.

_나*

그동안의 방학이 실패한 이유를 알 수 있다

이 책을 읽다 보면 그동안 방학 때마다 세운 공부 계획이 왜 실패할 수밖에 없었는지 알 수 있다. 내가 다시 고등학생으로 돌아가서 이 책을 읽는다면 좀 더 공부를 잘할 수 있지 않을까? 요령 없이 무작정 열심히 하는 것이 아니라, 방법을 제대로 알고 성실히 공부한다면 저자의 말처럼 성적 급상승의 기회가 올 것이다.

_s******7

동기부여와 전략을 함께 보여 주는 책

'방학 공부법이라는 게 따로 있을까?' 생각했지만, 마침 아이들 방학이기도 해서 이 책을 집어 들었다. 그런데 내가 먼저 읽고 푹 빠져 버렸다. 초등 고학년인 딸아이도 재미있게 읽는 걸 보니 책을 참 쉽고 친절하게 쓴 것 같다. 공부에 대한 의지만 다지는 데서 그치지 않고 실제로 방학을 이렇게 보내면 정말 좋겠다는 생각이 들도록 구체적인 전략을 알려 줘서 좋았다.

_함***비

겨울 방학을 맞이할 조카에게 선물했다

청소년들이 읽으면 너무 좋은 책인 것 같아, 고1 겨울 방학을 맞이한 조카에게 선물했다. 방학 때마다 꺼내 읽으며 자극을 얻길 바란다. 나이를 불문하고 공부에 대한 의지가 있다면 꼭 읽어 보길 바란다. 저자의 실제 경험을 바탕으로 쓴 글이라 더욱 와닿는다.

_땅**쥬

최상위권으로 도약하고 싶은 학생들이라면 꼭 읽어 보길!

방학 때 마냥 놀 수 있다면 얼마나 좋을까? 하지만 현실은 현실이다. 초등학교 때라면 몰라도 중·고등학생이라면 사정이 다르다. 방학 때도 어느 정도는 공부를 염두에 둘 수밖에 없다. 그래서 이 책은 방학이 시작될 때 꼭 읽어야 한다. 그냥 둬도 다 알아서 하는 최상위권 학생들보다는 상위권을 노리는 학생들이 읽으면 정말 도움이 될 것이다.

_b****릭

방학 전에 읽으면 확실한 동기부여가 된다

나도 학생들을 가르치는 사람이라 아이들에게 제대로 된 학습법이 필요하다는 사실은 잘 알고 있다. 이 책은 방학을 앞뒀을 때 꼭 필요한 책이다. 저자가 직접 경험한 것들을 바탕으로 쓴 책이라 읽는 내내 공감 가는 부분이 많았다. 특히 시간 관리에 관한 조언은 아이와 학부모가 함께 읽으며 활용해 보면 좋을 것 같다.

_q*****3

방학이 '설렘'과 '기회'로 느껴진다

저자는 자신이 머리가 좋아서 공부를 잘한 게 아니라, 성실함을 무기로 자신에게 적절한 공부법을 찾아서 공부했기 때문에 좋은 결과를 얻을 수 있었다고 말한다. 우리 아이에게는 아직 많은 방학이 남아 있으니, 이 책을 통해 아이에게 꼭 맞는 효율적인 공부법을 찾아봐야겠다. 이 책을 읽고 나니 '방학'이라는 단어가 '설렘'과 '기회'처럼 느껴진다.

_햇***날

내 선택이 옳았다!

내 학창 시절의 방학 생각도 나고, 자녀가 있는 독자라면 자녀의 방학 기간 모습도 오버랩했을 듯하다. 왜 방학이 중요한지, 방학을 어떻게 보내야 하는지 생각해 볼 수 있다. 고1인 우리 아이에게도 이 책을 권하며 한번 읽어 보고 생각을 말해 달라고 했다. 대부분의 공부 관련 자기계발서는 끝까지 읽지도 못하고, 감동도 얻지 못했다던 아이가 이 책은 하루 만에 다 읽고 "너무 좋은데요."라고 말하는 걸 보니 내 선택이 옳았나 보다.

_록*

고3이 되기 전, 나의 마지막 겨울 방학을 위해

방학은 계획만 너무 거창해서 실천 못 하거나 게으름을 부리다가 끝나는 게 대부분이다. 이 책은 독자들에게 '무조건 이렇게 해라' 식의 강요가 아닌, 그렇게 해야 하는 이유를 논리적으로 납득시킨다. 그래서 내년이면 고3인 나도 이 책을 읽고 많은 부분 공감했다. 이번 방학이 가장 중요한 방학인데, 어떻게 보내야 할지 고민하던 중에 너무 좋은 책을 만나 기쁘다.

_술**이

이 책을 만난 건 행운이다

이제 곧 겨울 방학인데, 때마침 이 책을 만나다니 정말 운이 좋았다. 방학에 혼자 했던 공부 덕분에 성적이 급상승해서 결국 서울대에 합격한 저자의 공부법이라니! 방학을 앞둔 학생들의 시간 관리와 생활 습관부터 과목별 공부 전략까지 방학 공부법의 모든 것이 들어 있다고 해도 과언이 아닐 것이다.

_도*맘

온 힘을 다해 공부하고 싶은 사람이라면 꼭 읽어야 할 책

한 번쯤은 온 힘을 다해 공부하고 싶은 사람이라면 이 책을 꼭 읽어 보길 권한다. 가장 마음에 들었던 부분은 공부가 저절로 되는 시스템 안으로 들어가라는 조언이었다. 그동안 왜 시간 관리에 실패했는지 이 책을 읽고서야 이유를 알 수 있었다. 이번 방학에는 무조건 이 책을 따라 공부해 볼 생각이다.

_기*초

우리나라 상황에 딱 맞는 공부법

우리나라 상황에 딱 맞는 매우 현실적인 조언을 해 주기 때문에 학생들에게 많은 도움이 될 것 같다. 왜 늘 계획표대로 실천할 수 없는지, 방학 공부가 실패하는 원인은 무엇인지 정확하게 짚어 준다. '남들은 잘하는데 왜 나만 안 될까?' 고민했다면 이 책을 통해서 자신의 문제점을 파악할 수 있을 것이다.

_오*

자기주도학습의 완결판이다!

공부를 잘하려면 '혼자 하는 공부'를 해야 한다는 말이 크게 와닿았다. 학부모들은 늘 내 아이 공부를 위해 어떤 학원이 잘 가르치는지를 먼저 찾아본다. 하지만 공부를 잘하려면 역시 스스로 노력을 먼저해야 한다는 것을 다시금 느꼈다. 자기주도학습이라는 말은 많이 들었지만 제대로 해 본 적이 없다면, 이번 기회에 이 책을 통해 시도해 보면 좋을 것 같다.

_봄*

시작하기 위해 위대해질 필요는 없다.

그러나 위대해지려면 시작을 해야 한다.

레스 브라운

방학 때 공부하면
1등 할 수 있어요?

"철범 샘! 방학 때 제대로 공부하면 저도 진짜 1등 할 수 있어요?"

이 책 『박철범의 방학 공부법』이 처음 출간되었을 때, 전국의 수많은 청소년 독자들로부터 가장 많이 받은 질문이다. 그도 그럴 것이 고등학교 1학년 때까지 꼴찌를 면치 못했던 내가 6개월 만에 전교 1등이 되고, 서울대에 입학할 수 있었던 도약의 계기가 바로 '1학년 겨울 방학'이었음을 이 책에서 아주 상세히 밝혔기 때문이다.

혼자만 간직하고 싶었던 부끄러운 경험과 시행착오까지 낱낱이 공개했을 정도로, 당시 나는 이 책을 집필하는 데 온 애정을 쏟았다. 그때 그 겨울 방학이 없었다면 내 성적도 극적으로 바뀌기는 힘들었을 것이다. 나는 이 사실을 누구보다 잘 알고 있기에 방학이라는 귀중한 시간을 허무하게 낭비하는 후배들에게도 꼭 알려 주고 싶었다.

진심이 닿은 것일까. 오랜만에 쓴 책인데도 『박철범의 방학 공부법』은 이전 책들 못지않게 독자들로부터 엄청난 관심과 사랑을 받았다. 그리하여 현재 달라진 입시교육에 맞춰 몇 번의 수정 작업을 거친 뒤, 이렇게 개정판으로도 출간할 수 있었다.

지금 와서 생각해 보면 그때 그 겨울 방학이라는 시간은 분명 나에게 방학 이상의 특별한 의미가 있었다. 그전까지 나에게는 희망이라는 것이 보이지 않았다. 무언가가 되고 싶다는 삶의 열정도 딱히 없었고, 그러다 보니 어떻게 살아야 하는지도 잘 몰랐다.

그런데 마지막으로 눈 딱 감고 한 번만 제대로 살아 보자고 다짐했던 그때, 그 작은 불씨가 내 하루를 바꾸고, 방학을 바꾸고, 성적까지 바꾸더니 오늘날의 삶을 선물해 준 것이다. 그래서 나는 믿는다. 작은 성취는 더 큰 성취를 꿈꾸게 한다는 것을. 그것은 단순히 1등이라는 성적을 넘어 인생을 송두리째 바꿀 만한 강력한 동기부여가 되었다는 것을.

반신반의한 목소리로 "철범 샘! 방학 때 공부하면 저도 진짜 1등할 수 있어요?" 하고 묻는 학생들에게 나는 예나 지금이나 항상 이렇게 답한다. 그리고 이것은 지금부터 이 책을 읽어 나갈 여러분에게도 꼭 전해 주고 싶은 말이다.

"물론이지! 나도 했으니까, 넌 더 잘할 수 있을 거야"

방학이라는
절호의 기회를 꽉 잡아라

방학! 참 설레는 단어다. 스트레스를 주던 숙제도, 정신없이 나가던 학교 진도도, 심장이 쫄깃하던 시험도 방학에는 모두 사라진다. 친구들과 노는 것이든, 잠을 푹 자는 것이든 평소 내가 하고 싶던 것도 실컷 할 수 있다. 놀고 싶은 학생뿐만 아니라 성적을 올리고 싶은 학생에게도 방학은 희망이다. 진도와 시험에 쫓기는 공부가 아니라 자신의 부족함을 차근차근 채워 나가는, 그야말로 제대로 된 공부를 할 수 있기 때문이다.

나는 두 가지 유형의 방학을 경험했다. 첫 번째 유형은 내가 고등학교 1학년이 끝날 때까지 보냈던 방학이다. 그 특징은 딱 두 가지였다. ①완벽한 계획 그리고 ②폐인이 된 현실.

계획이야 언제나 완벽했다. '이번 방학에는 이런 공부를 열심히 하고, 저런 책들을 다양하게 읽고, 이런저런 활동들을 열정적으로 해야지!'라고 결심했다. 이대로만 잘 지킨다면 나는 전교 1등, 아니 전국 1등까지 될 판이었다.

그러나 일주일만 지나면 나는 전국 1등은커녕 어김없이 방구석 폐인이 되었다. 침대에서 일어나는 시간은 점점 뒤로 미뤄져 점심을 먹을 때가 돼서야 겨우 일어났다. 매일 가기로 다짐했던 도서관은 발길을 끊은 지 오래였다. 대신 종일 온라인게임에만 정신이 팔려서 게임 고수의 경지에 이르렀다. 결국 방학이 끝날 때 남은 것이라고는 '다음 학기에 제대로 하면 되지 뭐'라는 불안한 자기 위안뿐이었고, 성적은 언제나 전교에서 최하위였다.

그러다 고등학교 2학년으로 올라가면서 모든 것이 바뀌었다. 3월의 첫 시험이 그 시작이었다. 원래 나는 전교 500명 중에서 거의 500등이었는데, 이 시험에서 처음으로 100등 안으로 진입했다! 성적 상승은 여기서 멈추지 않았다. 4월에는 전교 50등, 5월에는 전교 20등 안으로 진입했다. 상승세는 그야말로 거침이 없었다. 6월에는 전교 10등이었고 7월 시험에서는 난생처음으로 '1등'이라는 것을 했다.

도대체 나에게 무슨 일이 일어났을까? 결론부터 말하면, 비밀은 2학년으로 올라가기 직전의 겨울 방학에 있었다. 이때 나는 '두 번째 유형의 방학'을 경험했다. 이 두 번째 유형의 특징은 나에게 맞는 효율적인 방법을 찾아서 공부하고, 이것이 바탕이 되어 다음 학기에 성적을 올릴 수 있었다는 것이다.

이제 나는 두 번째 유형의 방학을 가능하게 만든 방법들을 이 책에서 모두 이야기할 것이다. 하나부터 열까지 자세히 말할 것이다. 그 방법은 절대 어렵지 않다.

여러분 중에는 이미 나에 대해 잘 아는 사람도 있을 것이다. 나는 그동안 공부법에 관해 여러 권의 책을 펴냈고, 감사하게도 이 책들은 많은 청소년의 사랑을 받아 베스트셀러에 올랐다. 덕분에 학생들로부터 큰 도움이 되었다는 인사도 숱하게 받았다.

그런데 강연하며 학생들을 직접 만나 보니 의외로 꽤 많은 학생이 '방학에는 어떤 공부를, 얼마만큼, 어떻게 해야 하는지'를 잘 모르는 경우가 허다했다. 어떤 학생들은 학기 중의 공부법을 방학 때도 그대로 적용하다가 지쳐서 번아웃이 왔다고 했다. 또 어떤 학생들은 계획 세우는 법을 아예 몰라서 결심만 하다가 방학을 통째로 날리기도 했다.

가장 안타까운 경우는 학기 중에 열심히 공부했으니 방학 때만큼은 좀 쉬어야 한다고 당연하게 생각하는 학생들이었다. 앞서 내 경험처럼 방학이라는 시간은 성적을 단박에 급상승시킬 수 있는 절호의 기회인데도 이것이 기회인지도 모르는 것이다. 그래서 나는 '방학'이라는 시기에 맞는 공부법과 시간 관리의 노하우를 따로 정리해서 학생들에게 알려줘야겠다고 다짐했고, 그 결과 이 책을 썼다.

    당연히 학기 중의 공부는 무척 중요하다. 그러나 미리 딱 짜인 진도와 시험 일정을 따라가야 하므로, 하루 24시간 중에서 자신이 스스로 관리할 수 있는 시간의 양에 한계가 있을 수밖에 없다. 따라서 취약한 과목이나 미흡한 공부 습관을 근본적으로 다잡기 위한 시간이 부족하다. 그런데 방학은 학기 중과는 다르다. 상대적으로 시간적 여유가 생긴다. 진도와 시험 일정에서 잠시 벗어나므로 좀 더 수월하게 자신의 근본적인 문제점에 집중해 실력을 향상할 수 있다. 이와 같은 이유로 나의 성적 상승의 진짜 출발점은 3월의 첫 시험이 아니라, 그 직전의 겨울 방학이었던 것이다.

    나는 이 책에서 내가 '직접 경험한' 사실을 바탕으로 방학 때 꼭 필요한 공부가 무엇인지, 어떻게 하면 나태해지기 쉬운 방학에도 꾸준히 시간 관리를 할 수 있는지, 평소 취약한 과목을 방학 동안 어떻게 공부해야 하는지 등에 대한 방법들을 하나도 빠짐없이 공개했다.

게다가 이 책에서 말하는 방학 공부법은 전 학년에 적용할 수 있다. 초등학교 고학년부터 심지어 대학생까지 모두 적용할 수 있다. 이 책의 내용은 특별한 과목에 대한 것이 아니라, 어떤 공부를 하든지 적용할 수 있는 일반적인 방법이기 때문이다. 그러니 책장 한편에 이 책을 꽂아 두고 방학이 될 때마다 꺼내서 반복해 보기를 권한다.

혹시 어릴 적 읽었던 '산신령과 나무꾼' 이야기를 기억하는가? 많은 사람이 이 이야기의 교훈을 '분수에 맞게 살고, 욕심을 버리라'는 것으로 생각한다. 하지만 나는 훨씬 더 중요한 교훈이 숨어 있다고 생각한다. 이 이야기에서 나무꾼이 선택했던 쇠도끼가 상징하는 건 무엇일까? 나는 쇠도끼가 '매일매일의 작은 성실함'이라 생각한다.

자신의 부족함을 조금씩 채워 나가며 성실하게 사는 사람에게는 금도끼나 은도끼 같은 보상들이 저절로 따라오게 되어 있다. 그러니 여러분도 이 책의 내용을 조금씩이나마 꾸준하게 실천하기를 바란다. 그러면 그 보상이 얼마나 큰지, 다음 학기에 곧바로 알게 될 것이다.

박철범

2장

방학이 저절로 굴러가는 시간 관리 시스템

최고의 방학을 위한 3회독 공부법

5장

공부 3력 중 '사고력'을 높이는 방법

PART 1

최고의 방학을 위한
시간 관리법

1장

방학을 시작할 때
점검하는
다섯 가지 고민

필요한 일을 가장 먼저 하고 그다음에는 가능한 일을 하라.
그렇게 하면 어느 순간부터는 불가능한 일도 할 수 있게 된다.

성 프란체스코

공부의 목표는 성적이 아니라, '성실함'을 배우는 것이다!

여러분이 방학 동안 가장 바꾸고 싶은 것은 무엇인가?

공부를 못하던 시절, 나의 대답은 언제나 '성적'이었다. 하지만 단순히 '성적을 올리고 싶다'라는 마음만으로는 방학을 부지런하게 보낼 수 없었다. 처음 며칠 정도는 꽤 달라진 듯했으나, 이내 생활은 하염없이 나태해지고 계획은 줄줄 밀려만 갔다. 나는 그런 나 자신이 너무나 싫었다. 그래서 고등학교 1학년 겨울 방학이 시작될 때는 목표를 완전히 바꿔 버리기로 결심했다.

'그래, 성적을 떠나서 일단 한번 성실하게 살아 보자. 이번 방학만큼은 세상에서 가장 부지런한 사람이 되어 보는 거야!'

이렇게 마음을 먹자, 신기하게도 모든 것이 달라졌다. 일단 방학 동안 매일 아침 도서관으로 향했다. 학교에 가야 하는 날은 수업을 마치자마자 곧바로 도서관에 갔다. 그렇게 도서관에서 매일 밤 10시까지 버텼다. 방학 동안에 나는 '부지런한 삶이 주는 짜릿한 쾌감'을 처음으로 맛볼 수 있었다.

내가 곧바로 다음 학기에 1등으로 올라선 이유는 머리가 좋아서가 아니다. 만약 내가 머리가 좋았다면 애초에 고등학교 1학년 내내 최하위권에 머물러 있지도 않았을 것이다. 내 성적이 달라진 이유는 단 하나, 후회가 남지 않을 만큼 부지런한 방학을 보냈기 때문이었다. 이것이 가장 큰 비결이다.

공부의 진정한 목적을 생각해 본 적 있는가?

나는 여러분이 단순히 '성적을 위한 공부'를 하진 않았으면 좋겠다. 성적에 목표를 두면 초조해지기만 할 뿐 오히려 성적을 올리기가 더욱 힘들다. 설령 최상위권에 오른다고 하더라도, 이런 마음가짐으로 공부한다면 목표에만 매몰되어 이 과정에서 얻을 수 있는 즐거움이나 인생의 가치 있는 것들을 놓치고 만다.

간혹 공부를 왜 해야 하느냐고 묻는 학생들에게 이렇게 말하는 어른도 있다.

"공부? 당연히 죽어라 해야지. 내가 살아 보니까 우리나라는 명문대를 나와야 취업도 잘되고, 돈도 많이 벌 수 있거든. 안타깝지만 이게 현실이야. 네가 당장 현실을 바꿀 순 없잖아. 그러니까 미친 듯이 공부해서 일단 명문대에 들어가. 이런 경쟁사회에서는 현실을 직시하고 적응하는 사람일수록 빨리 성공하는 거야."

만약 여러분 주위에도 이런 말을 하는 사람이 있다면 나는 당장이라도 귀를 막으라고 조언하고 싶다. 나 역시 그들이 말하는 경쟁사회를 겪어 온 사람으로서 그 말에 결코 동의할 수 없으니까.

그렇다면 공부를 왜 해야 할까? 아니, 좀 더 정확하게 공부의 목표는 무엇이어야 할까? 내가 생각하기에 공부는 '내 인생을 사랑하는 방식을 알아 가는 과정'이다. 그 방식 중 하나가 바로 '성실함'이다. 달리 말하면 공부란 성실한 사람이 되어 가는 과정을 배우는 것이라고도 할 수 있다. 아무리 힘든 일이라도, 아무리 어려운 일이라도 나에게 맡겨진 일이라면 결국은 해내고야 마는 자세와 방법을 배우는 것이다.

성실한 사람은 내게 주어진 일을 결국 해내려고 노력하는 과정에서 말할 수 없는 보람과 기쁨을 얻는다. 어떤 환경에도, 그 누구에게도 휘둘리지 않는 꾸준함과 인내, 그리고 끝내 성취했을 때나 자신을 향한 믿음은 물론 무엇이든 할 수 있을 것 같은 자신감과 자존감까지 얻는다. 이렇게 단단해진 자존감은 앞으로 삶을 살아가는 데도 든든한 버팀목이 되어 줄 것이다. 단단한 자존감이 있다면 혹여 실수하더라도 쉽게 무너지지 않고 다시 일어설 수 있다. 왜냐하면 이미 '해냈던 경험'이 있기 때문이다. 또 성실한 사람은 자신에게 닥친 일을 불평할 시간에 헤쳐 나갈 방법을 먼저 찾는다. 그리고 과거에 그랬던 것처럼 결국은 최선을 다해 해결해 나간다.

이런 순간들이 차곡차곡 쌓이고 쌓이다 보면, 세월이 흘러 삶은 이전과 완전히 달라져 있다. 학창 시절에 공부를 통해 성실함을 배운 사람과 그렇지 않은 사람은 시간이 지날수록 그 차이가 분명하게 드러날 수밖에 없다. 그래서 나는 방학을 앞두고 공부를 시작하는 여러분이 단지 성적을 올리기 위해서라기보다는, '내 삶을 사랑하기 위해서' 공부하겠다는 마음으로 책상에 앉았으면 좋겠다.

방학은 여유로운 시간만큼 게을러지기 쉽다. 그러나 뒤집어 생각하면, 그래서 방학은 성실한 사람이 되어가는 연습을 하기에 딱 좋은 시기다. 이번 방학에는 그 어떤 때보다 성실해져 보자. 그리 어렵지 않다. 자신의 삶을 바꾸기 위해 이 책을 읽는 여러분이라면, 마음속에 이미 충분한 열정이 있다는 거니까.

방학에 꼭 해야 할
공부는 뭔가요?

지금부터는 방학에 무엇을 공부하면 좋을지 생각해 보자. 여러분은 방학에 꼭 해야 할 공부가 무엇이라고 생각하는가? 사람마다 생각이 조금씩 다를 수 있겠지만, 내가 선택하는 기준은 단 하나다. 바로 '방학에 해야 할 공부는 방학 때 아니면 하기 힘든 공부여야 한다'는 것이다. 그게 무엇일까?

쉽게 판단하려면, 내가 지금 배우는 모든 과목 중에서 학기 중에 나름대로 잘 해결할 수 있었던 것들을 제외하면 된다. 예컨대 지난 학기에 예체능 같은 과목이 어땠는지 생각해 보자. 이 과목들은 평소에 딱히 복습하지 않아도 괜찮았다. 시험 기간에 집중해서 공부하면 점수를 어느 정도 확보할 수 있었다. 예체능 과목의 특성상 암기의 비중이 높아서 벼락치기도 효과가 있었다. 게다가 학생들이 이런 과목들을 평소에 공부하지 않는다는 사실을 선생님도 잘 알고 있기에 시험 문제도 그리 어렵게 출제되지 않는다. 따라서 예체능은 학기 중에 해결할 수 있으니 방학 공부에서 제외한다. 그렇다면 이제 주요 과목을 하나씩 살펴보자.

[수학] 무조건 방학 공부 1순위로 삼아라

우선 수학의 경우, 공부해야 하는 시간이 많다. 하루 공부 시간 중에서 거의 절반은 수학에 투자해야만 다른 과목들과 비슷한 성적이 나온다. 그리고 수학의 특성상 모르는 문제에서 한번 막히면 진도가 좀처럼 나가지 않는다. 이런 특징 때문에도 공부 시간이 더 필요하다. 게다가 수학은 시험 난이도를 어렵게 만들기 딱 좋은 과목이다. 그러니 고득점을 위해서는 어려운 문제도 많이 다뤄 보는 것이 좋다.

또한 수학은 '학년이 달라져도 내용이 연결된다'는 중요한 특징이 있다. 지난 학기 지난 학년에 배운 내용이 다음 학기 다음 학년에도 계속 이어진다는 뜻이다. 그래서 흐름을 한번 놓치면 고등학교를 졸업할 때까지 따라가기가 힘들다. 그러므로 수학은 학기 중의 공부로는 부족한 과목일 뿐 아니라, 방학 때도 가장 열심히 공부해야 하는 과목이다. 따라서 방학 공부 1순위로 삼아야 한다.

[영어] 문법과 단어 공부의 비중을 크게 두자

영어는 어떨까? 일단 외워야 할 단어가 끝이 없다. 게다가 문법 지식도 알아야 하고, 독해 연습도 게을리해서는 안 되며 듣기평가 준비까지 해야 한다. 이렇듯 영어 역시 공부해야 할 것이 많은 과목이기에 학기 중의 공부만으로는 시험을 잘 치기가 어렵다. 따라서 영어 공부 역시 반드시 방학 공부에 포함해야 한다.

다만 영어에서 ①단어, ②독해, ③문법, ④듣기 이 네 가지 영역을 방학 동안 모두 공부해야 하는지는 좀 더 고민할 문제다. 이 네 가지 영역은 공부 방법이 각각 다르다. 사실상 네 개의 다른 과목이라고 봐야 한다. 따라서 방학 동안 모두 공부하기는 힘들 것이다. 그렇다면 이 중에서 어느 영역에 좀 더 집중해야 할까?

'영어독해'의 경우, 학기 중에도 할 수 있다. 아니, 오히려 학기 중에 하는 것이 더 효율적이다. 내신시험에서 독해 문제로 출제됐던 지문들을 떠올려 보자. 대부분 교과서나 보충 교재처럼 선생님이 수업하는 교재에서 출제된다. 또는 학기 중에 치러지는 모의고사에 나온 지문을 변형해서 출제하기도 한다. 예컨대 3월 모의고사에서 "이 글의 내용과 일치하지 않는 것은?"이라고 물었다면, 중간고사에서는 이 지문을 그대로 출제하되 "이 글의 주제로 가장 적절한 것은?"이라는 식으로 질문만 바꾸는 것이다. 따라서 독해는 수업 시간에 다루거나 모의고사에 나온 지문을 학기 중에 열심히 공부하면 나름대로 잘 대비할 수 있다.

'수능독해'도 마찬가지다. 학교 수업 시간에 배우는 교재에 이미 다양한 독해 지문이 있다. 그러므로 내신 공부를 열심히 하면 수능독해도 어느 정도 대비할 수 있다. 게다가 고3이 되면 1년 내내 EBS교재 같은 수능문제집을 풀면서 독해 연습만 할 것이다. 그러므로 독해는 방학에도 열심히 공부해야 할 만큼 급한 것이 아니라는 결론을 내릴 수 있다.

'영어듣기' 역시 정복하기가 그리 어렵지 않다. 매일 1시간씩 꾸준히 듣기 문제를 풀면, 약 3개월이면 거의 만점에 이를 수 있다. 이건 학기 중에 충분히 할 수 있으니 듣기 역시 방학 공부로 급한 것은 아니다.

그러나 '영어문법'은 사정이 좀 다르다. 학기 중의 영어 시간에 선생님이 문법 지식을 설명할 때가 있긴 하지만 대부분은 관련된 지식을 '살짝 스치고 지나가는' 정도다. 따라서 학기 중에는 문법 전반에 대해서 세세하게 공부할 기회가 없다. 이것은 방학에 해둬야 할 공부다.

이제 '영어단어'의 경우를 보자. 중학생은 아직 단어가 급하지 않을 수도 있다. 왜냐면 중학생은 교과서의 지문만 완벽하게 공부해도 고득점 획득이 가능하기 때문이다. 그러나 고등학생에게는 '수능'이 있다. 수능 대비는 학기 중 수업 시간에 배우는 단어만으로는 부족하다. 스스로 단어를 따로 대비해야 한다. 그런데 학기 중에는 내신시험을 준비하느라 바쁘다 보니, 당장 시험에 나오지도 않을 단어를 외우기가 부담스럽다. 그렇다면 결론이 나온다. 영어단어를 외우는 것도 방학밖에는 기회가 없다.

[국어] '수능국어' 위주로 여유 시간에 틈틈이 챙기자

한편 국어는 어떨까? 일단 내신시험을 생각해 보자. 대개 교과서의 지문으로 시험 문제가 출제된다. 그렇다면 그 정도의 공부 분량은 학기 중의 예습과 복습으로도 충분히 대비할 수 있다. 따라서 '내신국어'는 방학 공부에서 우선순위가 낮다.

그렇다면 '수능국어'는 어떨까? 물론 지금 고3이거나 다음 학기에 고3이 된다면, 당연히 이번 방학에 수능국어도 공부해야 한다. 그러나 그 이전 학년이라면, 방학에 수능국어를 공부하는 것은 별로 추천하지 않는다. 왜냐면 어차피 수능 스타일의 문제는 고3 때 지겹도록 많이 풀게 될 것이기 때문이다. 따라서 이번 방학에는 그보다 더 급한 과목들에 시간을 투자하는 것이 바람직하다.

방학은 생각보다 짧다. 영어와 수학, 두 과목만 공부해도 하루가 끝날 때가 많다. 문제집 몇 장 풀다가 방학이 끝나 버리기도 한다. 그러니 수능국어는 ①영어와 수학을 공부하고도 시간 여유가 있거나 ②수능국어 점수가 다른 과목에 비해 특히 낮은 경우에만 방학 때 공부하기를 추천한다. 이 두 가지에 해당하지 않는다면 수학이나 영어에 우선순위를 양보하는 것이 좋다.

[사회/과학] 학기 중 어려웠던 과목 하나만 미리 끝내자

마지막으로 사회와 과학을 생각해 보자. 일단 중학생의 경우, 이 과목을 방학 때까지 공부할 필요는 없다. 대부분 학기 중에 그날의 수업 내용을 그날 잘 복습하면 해결된다. 고득점을 받고 싶은 과목의 문제집을 두 권 사서 오늘 수업 시간에 배웠던 딱 그 진도만큼 문제를 풀어라. 문제집이 두 권이긴 해도, 하루 동안 진도를 나가는 분량이 그리 많지는 않기 때문에 몇 문제 되지도 않는다. 금세 다 풀 수 있다. 그렇게 학기 중에 꾸준히 공부하면 사회와 과학은 충분히 고득점이 나온다.

하지만 고등학생은 사정이 다르다. 사회는 외울 것이 너무 많고, 과학은 이해가 되지 않는 부분이 많다. 게다가 고등학생이라면 평일에는 사회나 과학을 공부할 시간이 도저히 나지 않는다. 3시간 정도밖에 되지 않는 자습 시간은 수학이나 영어를 공부하다 보면 금방 끝난다. 따라서 고등학생은 중학생과는 달리 사회·과학이 꽤 부담스러울 수밖에 없다.

만약 이렇게 골칫거리인 사회·과학을 방학 때 미리 끝내 버린다면 어떨까? 그야말로 손톱 밑의 가시가 빠진 것처럼 은근한 골칫거리 하나가 사라지는 것이다. 따라서 고등학생이라면 방학 동안 이 과목들을 공부하는 것이 좋다. 물론 모든 과목을 다 공부하라는 것은 아니다. 아무리 방학이라고 해도 그럴 시간까지는 없다. 따라서 사회·과학 중에서 가장 어려운 한 가지 과목만 골라서 공부하도록 한다. 외울 내용이 너무 많아 지난 학기에 나를 가장 괴롭혔던 한국사 또는 다음 학기에 배울 과목인데 왠지 너무 어려울 것 같은 물리, 이런 식으로 특정한 과목을 선택해서 방학에 끝내 버리면 된다.

방학 동안 학원이나
인강을 어떻게 활용해야 할까요?

사실 방학이 성공하느냐 실패하느냐는 '무엇을 공부하느냐'에 좌우되는 것이 아니다. 그보다는 '얼마나 늦잠을 자지 않을 수 있느냐', '얼마나 게으르지 않을 수 있느냐'에 좌우된다고 보는 편이 맞다. 여러분이 지금까지 보냈던 방학들을 떠올려 본다면 이 말에 쉽게 수긍이 갈 것이다.

중학생의 방학을 생각해 보자. 특별한 경우가 아니면 방학 동안 학교에 나가지 않을 것이다. 따라서 몇 시에 일어나든 상관없는 생활이 펼쳐진다. 이런 상황에서는 늦잠을 자주 자게 되어, 결국은 '나는 왜 이렇게 의지가 부족할까?'라고 자책할 것이다.

하지만 사람이라면 누구나 그렇다. 아침에 일찍 일어날 필요가 없는 상황에서는 누구라도 게을러지기 마련이다. 전교 1등이든 꼴찌든, 아이든 어른이든 마찬가지다. 그러니 자신의 의지 부족을 너무 자책할 필요는 없다. 그 대신 필요한 것이 있다. 방학에도 '꼭 일찍 일어나야 하는 이유'를 스스로 만드는 것이다.

중학생이라면, 시간 관리를 위한 도구로 활용하자

중학생 이하의 경우라면 '아침에 의무적으로 일어나야 할 상황'을 반드시 만들어야 한다. 그래야 게을러지지 않는다. 예컨대 오전에 시작하는 학원이나 공부방은 좋은 스케줄이 될 수 있다. 학원이 공부에 꼭 효과가 있어서라기보다는, 어쨌든 일찍 일어나게는 되기 때문이다. 일단 일어나야 공부도 할 것이 아니겠는가?

여기서 몇 가지 의문이 생긴다. 만약 혼자서도 일찍 잘 일어날 수만 있다면, 그때는 굳이 학원에 갈 필요가 없는 것일까? 여기에 대한 나의 대답은 '그렇다'이다. 애초에 학원에 가는 목적이 생활 관리를 하기 위함이기 때문이다. 그렇다면 또 다른 질문! 예컨대 피아노학원이나 미술학원처럼 공부가 목적인 학원이 아니어도 괜찮은 걸까? 이에 대한 대답 역시 '그렇다'이다. 아침에 꼭 일찍 일어나게 만드는 일정이라면, 수영이든 가야금이든 다른 무엇이든 괜찮다. 학원에 가는 가장 큰 이유가 생활 관리에 있기 때문이다.

　아침 일찍 일어난다는 것 말고도 중학생에게 방학 동안 학원을 추천하는 이유가 하나 더 있다. 중학생 때까지는 아무래도 공부의 동기부여가 약하고 고등학생에 비해 상대적으로 의지력도 떨어지는 편이라서, 방학 동안 공부 계획을 스스로 세우고 실천하는 게 어려운 경우가 많다.

　따라서 학원처럼 정해진 진도를 매일 나가고 거기에 맞춰 숙제도 꼬박꼬박 해야 하는 시스템 속에 자신을 맡기는 것이 오히려 공부하기에 더 편할 것이다. 물론 이것은 사람마다 다를 수 있는 부분이다. 만약 초등학생이라도 스스로 생각했을 때 자신은 아주 부지런하고 의지가 강해서 혼자서도 잘할 수 있을 것 같다면, 그때는 당연히 학원에 가기보다는 혼자 공부하는 편을 선택하는 것이 훨씬 나을 것이다.

고등학생이라면, 혼자 공부하는 시간을 꼭 확보하자

　한편 고등학생은 입장이 조금 다르다. 고등학생은 방학에도 학교에 나가는 경우가 많으므로 특별히 생활 관리를 위해 학원에 갈 필요는 없다. 게다가 고등학생은 방학에 다음 학기 선행, 특히 수학 선행에 많은 시간을 투자해야 하는데 여기에 학원 일정까지 더해지면 하루가 너무 벅찰 수도 있다. 만약 오전에는 학교 수업, 오후에는 학원 수업, 저녁에는 밥 먹고 쉬기, 이런 식이라면 스스로 공부할 시간이 턱없이 부족하다. 차라리 학원을 끊고 이 시간에 혼자 공부하는 편이 훨씬 낫다.

다만 여기에도 예외는 있다. 바로 스스로 공부 계획을 세우고 실천하는 게 아직은 버겁고 어려운 고등학생들이다. 가령 누군가 숙제를 내주지 않으면 공부할 의지가 생기지 않는다거나, 혼자 도서관에서 공부하면 성적이 떨어질까 두렵다거나, 학원에라도 가지 않으면 집에서 쉽게 나태해지는 경우라면 반드시 학원에 다닐 것을 추천한다.

만약 이런 경우가 아니라면 어떨까? 공부하고자 하는 의지가 충분해서 혼자서도 나름대로 열심히 공부할 수 있지만 필요한 부분이 있어 학원에 다니는 거라면 계속 다녀도 괜찮은 걸까?

이런 경우에는 '하루 중에서 혼자 공부하는 시간이 충분한가'에 따라 결론이 달라질 것이다. 학교 수업의 복습과 학원 수업의 복습 그리고 스스로 계획한 모든 공부를 하루에 다 소화할 수 있다면 학원에 다녀도 괜찮다. 하지만 내 경우는 물론이고 내가 가르친 학생들의 경험상, 아무리 방학이라고 해도 고등학생이 그렇게까지 시간적 여유가 있는 경우는 드물었다.

효율적인 인강 활용을 위한 원칙 3가지

그렇다면 방학 때 '인터넷강의'를 활용하는 것은 어떨까? 여기에 대한 원칙은 세 가지가 있다.

첫째, 인터넷강의는 '그 과목을 처음 공부하는 단계'에서 활용하는 것이 가장 효과가 크다. 어떤 과목이든 처음 공부할 때는 설명이 풍부한 두꺼운 기본서를 볼 것이다. 이때는 기본서를 차근차근 읽으면서 '이해하는 공부'를 하는 것이 정석이다(이에 대해서는 뒤에 나올 3장에서 더 자세히 소개하겠다).

그런데 혼자서 책을 읽으면 아무래도 이해가 잘 안 되는 부분이 생길 수밖에 없다. 이때 설명을 잘해 주는 강사가 쉽게 풀어주면 공부 시간을 많이 단축할 수 있다. 따라서 처음 그 과목을 공부하는 단계에서 제대로 이해가 안 되는 부분만 골라 인터넷강의로 해결하는 방법을 추천한다.

둘째, 인터넷강의는 '필요한 단원'만 골라서 보는 편이 효과가 좋다. 간혹 인터넷강의를 하나 골라 이것 위주로만 공부하는 학생들이 있는데, 이 방법은 별로 추천하지 않는다. 어떠한 과목이든 처음에 개념을 잘 잡으려면 ①설명이 풍부한 교재로 ②여러 번 반복해서 공부해야 하기 때문이다. 그런데 인터넷강의용으로 제공되는 얇은 책으로는 깊이 있는 이해가 제대로 될 리 없다. 물론 강사가 설명해 주겠지만, 컴퓨터를 끄고 나면 그만인지라 나중에 다시 반복해서 공부하기가 힘든 것이 문제다.

따라서 인터넷강의를 활용하더라도 어디까지나 '보조 수단'에 머무르는 것이 좋다. 주력으로 보는 기본서가 과목별로 하나씩 있어야 한다. 그것으로 혼자서 공부하는 과정에서 잘 이해가 되지 않는 개념이나 단원만 골라서 인터넷강의로 해결하는 것이다. 예컨 대 방학 동안 지구과학 기본서를 보다가 「천체의 운동」 단원이 도저히 이해하기가 힘들면 이 단원만 골라 인터넷강의를 보는 식이다.

이런 방식이라면 아무래도 유료 강의는 부담스러울 수 있다. 하나의 큰 강좌에서 실제로 보는 동영상은 몇 개 되지 않을 수도 있기 때문이다. 그러니 이때는 EBS 무료 강의를 적극 활용해 보길 권한다. 무료이기 때문에 특정 단원만 골라서 듣기에도 마음이 편하다.

셋째, '집'에서 인터넷강의를 보는 것은 되도록 피해야 한다. 이것은 정말 중요한 원칙이다. 어떤 학생들은 도서관에서 공부하다가 지겨워지면, '인터넷강의를 들어야 해서 어쩔 수 없다'라며 짐을 챙겨 얼른 집으로 가 버린다. 하지만 대부분 집에 도착하면 해이해져서는 인터넷강의를 제대로 듣지 않는다. 듣는다고 해도 자세가 금방 흐트러지고 집중도 하지 못한다. 심지어는 인터넷강의를 들으려고 컴퓨터나 태블릿을 켰다가 SNS 혹은 게임의 유혹에 빠져 그날 공부를 망치는 경우도 허다하다.

　인터넷강의는 아무래도 수동적으로 받아들일 수밖에 없는 종류의 학습법이다. 따라서 나도 모르게 공부 자세가 흐트러지거나, 딴짓에 빠지기 쉽다. 그러니 인터넷강의를 활용하겠다면 괜히 집에서 자신과 힘겨운 싸움을 벌이기보다 애초에 공개된 장소, 즉 학교나 도서관에서 강의를 듣길 바란다. 이렇게 하면 집중도도 훨씬 높아져서 공부를 예상보다 일찍 끝낼 수 있다.

방학 동안 보충수업이나 방과후수업을 들어야 할까요?

　학생들이 방학 계획을 짤 때 고민하는 것 중 하나는 '보충수업' 이다. 대부분 고등학교는 방학에도 보충수업을 개설해서 학생들을 참여시킨다. 참여가 '의무'라면 고민할 필요도 없다. 문제는 참여 여부를 선택할 수 있을 때다. 참여해야 할까? 아니면 내 공부를 따로 할까?

　일단 '자신의 성적이 최상위권이라면' 굳이 참여하지 않아도 좋다. 최상위권 학생들은 방학 동안 어디에 있더라도 어차피 스스로 공부할 것이기 때문이다. 게다가 선생님의 설명 난이도가 최상위 권의 수준에는 맞지 않을 수도 있다. 보통 선생님은 반 아이들의 평균 학업 수준에 맞춰 설명하기 때문이다.

방학 보충수업이 의외로 중요한 이유

만약 자신의 성적이 최상위권까지는 아니라면, 방학 보충수업에 가급적 참여하기를 추천한다. 방학 보충수업을 들으려면 일단 아침에 일찍 일어나서 학교에 가야 하므로 생활 관리가 쉬워진다. 이것이 가장 큰 이유다. 또한 학교를 마치고 오후나 저녁에 도서관으로 가기도 쉽다. 인간의 심리상 '집'에서 도서관으로 가는 것은 무척 힘들지만, '학교'에서 도서관으로 가는 것은 그렇게 어렵지 않기 때문이다.

이것 말고도 이유는 더 있다. 보충수업을 담당하는 선생님은 보통 그 과목을 다음 학기에도 가르칠 분들이다. 그래서 다음 학기에 배울 내용의 일부를 방학에 미리 알려 주는 경우가 많다. 그렇다면 새 학기가 이미 시작된 것과 다를 게 없다. '보충수업'이 아니라 '정규수업'인 셈이다. 이런 경우라면 단순히 참여하는 정도가 아니라, 마치 학기 중인 것처럼 매일 수업 내용을 복습하며 열심히 공부해야 한다.

만약 그렇지 않다면 어떻게 해야 할까? 예컨대 보충수업 시간에 선생님이 '지난 학기의 복습'만 한다거나 분명하게 "지금 배우는 내용은 중간고사에 내지 않겠다!"라고 선언한다면? 나는 이런 경우에도 일단 참여하는 것이 좋다고 본다. 그 이유는 보충수업을 하는 선생님이 내신시험을 출제하기 때문이다.

선생님도 사람인지라 조금이라도 정보를 흘리게 마련이다. 아무리 보충수업이라고 하더라도, 수업하는 과정에서 선생님이 중요하다고 생각하는 개념이나 지식에 대해서 자신도 모르게 강조할 것이다. 선생님이 흘리는(?) 내신시험의 출제 포인트는 내 성적에 정말 큰 영향력을 미친다. 내가 따로 공부하며 힘겹게 넘기는 몇 페이지보다 훨씬 가치가 있다. 따라서 방학 기간의 학교 보충수업은 특별한 사정이 없으면 참여하는 것이 좋다.

나만의 교재를 따로 준비하자

방학 보충수업에 관해 몇 가지 알아둬야 할 것이 있다. 바로 '보충수업 교재는 기본서가 아니라는 사실'이다. 예컨대 수학 보충수업 교재가 『개념 플러스 유형』이라 치자. 그러면 학생들 대부분은 교재로 개념을 잡아야겠다고 계획하는데, 이건 잘못된 생각이다.

왜냐하면 이 교재는 '기본서'가 될 수 없기 때문이다. 보충수업 교재는 간략하게 요점만 잡아주는 책이지, 개념을 꼼꼼하게 설명하는 교재가 아니다. 단기간에 진도를 빨리 나가기 위한 '강의용 교재'에 가깝다. 따라서 이보다는 설명이 더 풍부하고 자세하게 실린 교재를 기본서로 삼아야 한다. 예를 들어 『수학의 정석』이나 『개념원리』 같은 것이 그렇다.

비록 학교에서 보충수업용 교재가 정해졌더라도 나만의 기본서는 따로 있어야 한다. 그리고 보충수업 진도에 맞춰 기본서 공부를 병행해야 한다. 만약 둘 다 공부하기에는 시간이 부족하다면 기본서에서 나온 개념 설명과 대표 문제만이라도 읽고 풀면 좋다(즉 연습문제나 종합문제는 그냥 넘어가는 것이다). 여기까지만 공부해도 개념을 충분히 이해할 수 있다.

지금 당장은 공부량이 두 배가 되어 버거운 듯하지만, 방학 때 이것만 잘해두면 학기 중에 공부의 부담을 확 줄일 수 있다. 만약 방학 때 바로바로 기본서를 보며 개념을 제대로 익혀 두지 않으면 나중에 시간이 흘러 두꺼운 기본서를 처음부터 다시 들여다봐야 한다. 그리고 그때는 이미 학기 수업과 숙제, 예습과 복습, 학원 스케줄 등으로 심적 부담이 지금보다 몇 배나 커져 있을 것이다.

그럴 바에야 지금 할 수 있을 때, 지금 하는 김에 조금만 더 시간을 투자하자. 방학 때 내가 열심히 벌어 놓은 시간은 반드시 학기 중에 '성적 상승'이라는 보답으로 돌아올 것이다.

방학에는 어떻게
독서해야 할까요?

———

　방학이 아니면 제대로 할 수 없는, 아주 중요한 것들이 있다. 그 중에 대표적인 것이 바로 '독서'다.

　예전에 내가 가르쳤던 학생 중에는 중고등학교 내내 성적은 상위권이었으나, 유독 입시에서 원하는 결과를 얻지 못하는 경우도 있었다. 입시의 문턱에서 늘 면접이나 자기소개서에 발목을 잡히는 것이다. 특히 명문대일수록 심화 면접과 논술 그리고 차별화된 생활기록부가 성적 못지않게 입시에서 중요하게 작용한다.

　명문대는 당연히 공부를 잘하는 학생을 선호한다. 뛰어난 인재를 학교로 데려오고 싶어 한다. 그런데 여기서 중요한 사실이 하나 있다. 명문대에서 말하는 '공부'는 단순히 수치화된 등급이나 점수가 아니라는 점이다. 대학에서 요구하는 공부란, 생각을 끊임없이 연마하는 고도의 훈련과도 같다. 따라서 면접과 논술을 통해 대학에 입학한 후 이런 훈련을 소화할 수 있는지, 자신의 능력을 연마하여 최대치로 끌어올릴 수 있는지 가늠해 보는 것이다.

상위권이라면 면접과 논술을 위한 독서!

만약 현재 상위권에 속한 학생이라면, 방학 때 특히 독서에 시간을 할애하기를 권한다. 중학생이라면 공부보다는 오히려 독서하며 방학을 보내는 것도 좋은 방법이다. 시간적인 여유가 많은 만큼 분량이 제법 있고 약간의 재미도 갖춘 문학 작품을 두루 읽어 보자.

아무래도 인문 사회 계열의 책은 좀 더 높은 수준의 독해력과 이해력을 요구하기 때문에 부담스러울 수도 있다. 서울대학교 권장 도서나 현직 선생님들이 추천하는 책도 좋지만 시중에 나온 베스트셀러 소설도 괜찮다. 예컨대 김훈이나 무라카미 하루키, 베르나르 베르베르처럼 각 나라를 대표하는 소설가의 책처럼 말이다.

하지만 고등학생이라면 단지 재미만을 위한 독서보다는 면접과 논술을 대비하는 준비의 과정으로 접근해야 한다. 따라서 문학책 뿐만 아니라 다소 어렵더라도 인문학·사회과학·예술 분야의 책과 글을 두루두루 읽어 보는 게 가장 좋다.

또 책을 읽을 때는 눈으로 보고 내용을 이해하는 수준을 넘어서는 좀 더 깊이 있는 독서가 필요하다. 여기서 깊이 있는 독서란 '생각하는 연습'을 의미한다. 책을 읽으면서 의문이 조금이라도 생기면 그 자리에서 바로 인터넷 검색을 하거나, 다른 책을 찾아보며 궁금증을 해결하도록 하자. 책을 다 읽고 나서도 곧바로 다른 책을 읽기보다는 방금 읽었던 책에서 다룬 주제나 내용에 관해 질문하고, 나만의 생각을 글로 정리해 보는 습관을 들이는 것이 좋다.

중위권이라면 수능국어 독해력을 위한 독서!

중위권 학생들이 수능국어에서 가장 어려워하는 부분이 바로 '지문 읽기'다. 분량이 길고 어려운 지문을 아주 짧은 시간 안에 읽고 이해해야 하기 때문이다. 만약 이런 경우라면 방학이야말로 이를 보완할 수 있는 절호의 기회란 점을 명심하자. 그리고 독서를 통해 지문 읽는 연습을 꾸준히 해 보자.

여기서 주의할 점은, 반드시 자신의 이해 수준보다 조금이라도 높은 수준의 책을 골라야 한다는 것이다. 철학이나 사회과학처럼 집중력과 이해력을 요구하는 책을 한 권 골라 천천히, 꼼꼼하게 읽어야 한다.

중간에 모르는 단어나 이해가 되지 않는 문장이 있으면 사전을 찾아보거나 인터넷으로 검색하면서 포기하지 말고 끝까지 완주하는 것이 중요하다. 이것이 암기식 공부에서 이해식 공부로 전환하는 과정이기 때문이다. 이렇게 독해 연습을 꾸준히 하다 보면, 나중에는 수능국어에 나오는 지문이 훨씬 더 수월하게 느껴질 것이다.

책과 친해지는 5가지 방법

시험을 위해 열심히 공부하는 건 물론 중요한 일이다. 그러나 정작 우리가 인생을 살아가는 데 필요한 지식이나 능력은 대부분 교과서보다는 '독서'를 통해 얻을 때가 많다. 그것이 상식이든 교양이든, 아니면 어떤 일에 대한 노하우든, 혹은 세상을 바라보는 관점이나 타인의 감정을 다루는 능력이든 말이다. 독서는 나약한 인간을 강인하게 만들고 비어 있는 정신에 지혜와 현명함을 선물한다.

그런데 유독 독서를 힘들어하는 학생들도 있다. 요즘은 특히 SNS상의 짧은 영상과 단문에 익숙해져서 장문의 글을 읽는 것이 쉽지 않다. 그래서 이번에는 방학 기간에 독서에 대한 부담감을 덜어내고, 책 읽기에 좀 더 가까이 다가갈 수 있는 효과적인 방법을 소개하겠다.

첫째, 자신이 읽을 책은 자신이 '직접' 고르자. 이것은 인간의 심리적 본능 때문이다. 사람은 누구나 남이 골라 준 것은 아무리 좋은 것이라 할지라도 쉽게 만족하지 못한다. 내가 직접 고른 게 아니기 때문이다. 부모님이 여러분의 의견을 묻지 않고 구입했던 옷 중에서 정말로 내 마음에 든 것이 몇 벌이나 있었는지 생각해 보면 쉽게 이해할 수 있다. 반면 내가 매장에 가서 직접 만져 보고 비교해 보다 오랜 고민 끝에 고른 옷은, 설령 친구들이 별로라고 하더라도 애착이 가기 마련이다. 이건 책도 마찬가지다.

둘째, 어떤 책을 읽어야 할지 모르겠다면 일단은 아무 책이라도 손에 잡아 보자. 베스트셀러 중에서 고르는 것도 좋은 방법이다. 물론 베스트셀러라고 해서 모두 훌륭한 책이라는 보장은 없지만, 아무래도 읽을 만한 가치가 검증된 책일 확률이 높다. 그리고 사실 지금 단계에서는 이 책이 나에게 좋은 책이냐 아니냐는 별로 중요치 않다. 독서에 익숙하게 될 때까지 일단은 '양'을 채워야 한다. 따라서 다양하게 읽어 보고 여러 번 실패도 해 봐야 한다.

그러면서 때로는 보석 같은 책을 발견하는 기쁨도 느껴 보자. 독서의 달인도 이렇게 시행착오를 거쳐 가며 만들어진다.

셋째, 책은 한 번에 한 권씩만 사자. 평소 독서를 안 하다가 갑자기 시작하겠다고 마음을 먹으면 없던 의욕이 생기면서 욕심도 함께 커진다. 이것저것 사고 싶은 마음에 장바구니에 무턱대고 여러 권을 담는 것이다. 하지만 이렇게 하면 책을 읽기도 전에 '이걸 언제 다 읽지?' 하는 마음의 부담감이 먼저 생긴다.

무엇이든 '해야 한다'라는 부담감은 좋은 신호가 아니다. 행동으로 옮기지도 못하고 '하, 저것들 빨리 읽어야 하는데……' 하는 생각에서 멈추는 것이다. 따라서 책은 한 번에 한 권만 사는 게 가장 좋다. 그 책을 다 읽으면 그때 비로소 다른 책을 사도록 하자.

넷째, 책은 구매한 당일에 곧바로 읽기 시작해야 한다. 이 원칙 역시 정말 중요하다. 예컨대 종일 밖에서 공부하다가 집으로 돌아오니, 어제 주문했던 책이 택배로 도착해 있다고 하자. 아마 여러분은 설레는 마음으로 이 책을 집어 들 것이다. 그러고는 '내일부터 읽기 시작해야지!'라고 다짐하며 책장에 꽂아 둘 텐데, 그러면 결국은 읽지 않을 가능성이 크다.

책이 도착했다면, 혹은 서점에서 책을 샀다면 바로 그날부터 첫 페이지를 넘겨야 한다. 몇 장 읽지 않아도 상관없다. 일단은 페이지를 한 장이라도 넘기는 것이 가장 중요하다. 그래야 그 책을 끝까지 완독할 수 있다.

아무래도 독서라는 것이 당장 성적을 좌우하는 것은 아니다 보니 한 번 미루면 끝도 없이 미루고 마는 속성이 있다. 그러니 내가 대가를 지불하고 산 책에 대한 설렘이 아직 식지 않았을 때 바로 읽기 시작하자.

다섯째, 공부하는 시간과 책을 읽는 시간은 정확하게 분리하는 것이 좋다. 간혹 독서하는 습관을 기르겠다며 가방 속에 책을 넣고 다니면서 하루 종일 읽는 학생들도 있는데, 별로 추천하지 않는다. 독서는 유익하고 중요한 일임이 틀림없지만 공부와 병행하는 학생에게 독서하는 시간은 일종의 휴식 시간에 가깝다.

물론 공부할 때 휴식은 필요하다. 그러나 휴식이 몇 시간이나 지속된다면 이미 이것은 휴식이 아닌 셈이다. 그저 공부로부터 탈출하는 또 하나의 도피처일 뿐이다. 따라서 책은 오로지 공부를 마치고 집에 돌아와서 자기 전까지만 읽도록 하자. 경험상 내 경우는 도서관에서는 공부만 하고, 집에 와서는 책을 읽는 방법이 가장 유용했다.

정리하자면 독서와 친해지는 방법은 일단 ①내가 직접 고른, ②단 한 권의 책을, ③내 방 책상 위에 올려놓는 것이다. 그런 다음 집에 돌아와서 샤워를 한 뒤 간단하게 간식을 먹고, 가족과 대화를 나누고 잠잘 준비를 모두 마친 후에 책을 집어 들자.

그러고는 정해 둔 취침 시간까지는 책을 읽는 것이다. 그러면 마음이 차분해지면서 하루의 스트레스도 풀리고 심지어 잠도 잘 온다. 물론 처음 며칠은 힘들 수도 있다. 하지만 며칠만 잘 견딘다면 더 이상 독서는 나를 괴롭히는 부담 덩어리가 아니라 공부로 힘들었던 마음을 달래주는 좋은 친구가 되어 줄 것이다.

노는 건
포기해야 하나요?

여러분은 이번 방학에 제대로 된 방법으로 열심히 공부해서 다음 학기 성적을 올리겠다고 단단히 다짐했을 것이다. 그런데 개중에는 방학이 시작되기도 전에 놀 계획으로 가슴이 두근두근 설레는 학생도 있을 것이다.

'이번 방학에는 가족과 여행도 가고, 친구들과 자주 만나고, 웹툰 정주행도 하고, 늦잠도 실컷 자야지!'

이런 기대에 부풀어 오르는 것이다. 과연 이렇게 놀아도 괜찮을까? 이 질문에 대한 답변은 뒤에 나올 2장에서 더욱 자세히 이야기할 테니, 우선은 결론만 간단히 말하겠다.

괜찮다. 그래도 된다!

방학 아니면 언제 이렇게 하겠는가? 시험 직전에 이렇게 논다면 성적에 큰 영향을 미치겠지만, 지금은 시험까지 시간이 많이 남은 방학이다. 그러니 며칠 신나게 좀 논다고 해서 몇 달 뒤에나 있을 시험 성적에 큰 영향을 주지는 않을 것이다. 다만 여러분이 반드시 기억하고 실천해야 할 원칙이 하나 있다.

바로 공부 외의 모든 활동은 방학이 시작되기 전에 미리 계획해야 한다는 원칙이다. 여기서 말하는 '공부 외의 모든 활동'이란 말 그대로 '공부가 아닌 모든 것'이다. 이것이 좋은 것이든 나쁜 것이든 공부가 아니라면 다 해당한다. 가족여행이든, 대학 탐방이든, 진로 체험이든, 각종 캠프든, 아니면 PC방에서 온종일 게임하는 것이든 모두 마찬가지다.

공부가 아닌 활동은 반드시 '방학 전에' 미리 계획해 둬야 한다. 그런 후에 이 계획을 지키는 것은 괜찮다(물론 부모님과의 사이가 나빠질 수도 있으니, 계획한 활동에 대해서는 미리 부모님과 합의해 두자).

그러나 이게 아니라면, 다시 말해서 내가 하려는 활동이 방학 전에 미리 계획한 것이 아니라면 자기 자신에게 단호히 'No'라고 말해야 한다. 예를 들어 보자. 이번 방학 중에 무려 3일 동안이나 스키장에 다녀오는 일정이 있다 해도, 방학 전에 미리 계획된 일정이라면 괜찮다. 반면 오늘 저녁에 잠깐 영화를 보러 가는 것이라 해도 방학 전에 미리 계획된 일이 아니라면 괜찮지 않다. 정리하자면 방학에 '노는 것'은 괜찮지만, 방학에 '놀게 되는 것'은 괜찮지 않다는 말이다.

이것은 방학이란 시기가 특수한 상황이기 때문이다. 아무래도 학교 수업도 없고 시험도 아직 많이 남아 있는 기간이다 보니 생활이 흐트러지기 쉽다. 이런 상황에서 가장 경계해야 할 것은 '나도 모르게 놀아 버리는 것'이다. 댐이 무너지는 원인은 작은 바늘구멍부터 시작되듯, 방학이 무너지는 것도 딱 한 번이 원인인 경우가 많다.

생활방식이 무너지면 그다음 날도 공부하기 싫어진다. 하루가 무너지면 자포자기의 심정이 되어 이제는 며칠이 연달아 무너진다. 결국 '이런 방학이라면 차라리 어서 빨리 끝나 버렸으면 좋겠어!' 하는 마음만 남는다. 그러니 이런 결과를 방지하려면 공부 외의 활동은 모두 계획을 세워 둬야 하고, 방학에 놀더라도 이 계획 안에서만 놀아야 한다.

방학 공부가 작심삼일이 되지 않으려면

고등학생이라면 방학 중의 생활 관리가 조금은 수월할 수도 있다. 방학에도 학교에 나가는 경우가 많기 때문이다. 다만 고등학생이라도 학교에 나가지 않는 며칠 정도는 있는데, 이 시기를 어떻게 보낼 건지 '방학 전에' 미리 계획해 둬야 한다. 만약 이번 방학에 적성검사나 진로 체험 같은 특별한 활동을 하고 싶다면 이것을 구체적으로 어떤 날짜에 할지 계획해 두는 것이다. 그래야 방학이 쉽게 흐트러지지 않는다.

여기까지 읽은 몇몇 학생들은 아마 '오, 그래? 미리 계획만 하면 놀아도 좋다는 거지? 그렇다면 이번 방학의 절반은 신나게 놀아야지!'라고 생각할지도 모르겠다.

이것도 지금 성급하게 결정할 필요는 없다. 이번 방학에 얼마나 놀고 얼마나 공부할지는 이 책을 다 읽은 후에 결정하길 바란다. 이 책의 3장에서 나는 여러분에게 방학 동안 구체적으로 어떻게 공부하면 좋을지 그 방법을 소개할 예정인데, 모두 읽고 나면 이를 실천하기 위한 전체적인 계획이 여러분의 머릿속에 멋지게 그려질 것이기 때문이다.

나는 방학 공부의 핵심을 '3회독'으로 제시한다. '3회독 공부법'은 과목별로 한 권의 책을 세 번 반복하는 공부법인데, 이것을 여러분의 방학에 대입해서 계획을 짜길 바란다. 언제부터 언제까지 1회독을 할지, 하루에 얼마나 공부해야 할지, 몇 시부터 몇 시까지 공부할 수 있을지, 대략적으로나마 예상해 보자.

만약 3회독을 다 끝내고도 시간이 남을 것 같다면 그때는 여러분이 원하는 '공부가 아닌 다른 활동'을 적절한 날짜에 배치해도 좋다. 지금은 방학이니까 말이다. 그런데 대부분 시간이 부족했으면 부족했지, 시간이 남진 않을 것이다. 특히 목표가 분명하고 누구보다 성실해지고 싶은 마음이 간절한 학생일수록 더 그렇다.

'뭐야? 그러니까 결국 방학에도 매일같이 공부만 하라는 말 아냐?'라고 생각할 수도 있는데, 절대 그런 뜻이 아니다. 방학에는 당연히 학교에 다닐 때보다 여유가 있어야 한다. 방학인데도 마치 시험 직전처럼 공부만 하는 것보다는 오히려 여유 있는 시간표를 운영하는 편이 좋다. 이렇게 하는 쪽이 실천 가능성도 높아지기 때문에 오히려 공부를 더 많이 할 수 있다.

괜히 '이번 방학은 종일 공부만 한다! 하루에 15시간씩 공부만 한다!'라는 식으로 의욕만 앞선 무리한 계획을 짰다가는 며칠도 못가 금방 지쳐 다시는 공부 따위 하지 않겠다며 회복 불능의 자포자기 상태가 될 수도 있다.

평일에는 공부만, 나머지는 주말에~!

방학 때 공부하는 게 쉬울 것 같지만 막상 실천해 보면 학기 중일 때보다 더 힘들다. 방학이라서 시간도 많고 여유로울 것 같이 느껴져도 실제로 공부해 보면 오히려 그 반대다. 방학에는 시간도 더디게 가고(물론 놀기만 하면 시간이 잘 가겠지만) 감정적으로도 훨씬 빨리 지친다. 왜냐하면 아직 시험 기간이 아니기 때문이다. 급박한 상황에 다다라야 긴장해서 공부하는 것이 사람의 본능인데, 아직 시험이 몇 달이나 남은 상황이니 공부가 잘될 리 없다.

게다가 방학에 작정하고 노는 친구들을 옆에서 보고 있자면 도 대체 무슨 부귀영화를 누리자고 나만 이렇게 고생을 하는 것인가 싶어 마음이 심란하고 의욕이 생기지 않을 것이다. 이것이 방학 공부의 특징이다. 따라서 방학 동안 매일매일 그야말로 미친 듯이 공부하겠다는 것은 며칠 만에 그만두기 딱 좋은 계획이다.

내가 추천하는 균형 잡힌 방학 계획은 평일에는 공부만 하고 주 말에는 그 외의 활동을 하는 것이다. 『박철범의 하루 공부법』을 읽은 학생은 눈치챘겠지만, 이것은 학기 중의 시간 관리에서 '토요일'을 추가로 노는 것이다. 학기 중에는 '월~토'가 오로지 공부하는 시간이었다면, 방학에는 '월~금'이 오로지 공부하는 시간이다.

월요일부터 금요일까지는 학교 또는 도서관에서 최대한 늦게까지 공부만 해야 한다. 만약 놀고 싶다거나 대학 탐방, 혹은 진로 체험 같은 특별활동을 계획했다면 이런 활동은 모두 주말에 배치하

자. 이렇게 하면 '평일에 해야 할 것은 무조건 공부다'라고 이미 확정된 것이므로 마음이 쉽게 들뜨지 않는다. 게다가 주말에는 자신이 원하는 것을 실컷 할 수 있으니 심리적으로도 그렇게 지치거나 거부감이 생기지 않는다.

방학 때라도 잘 쉬고 놀면서 몸과 마음을 회복하는 일도 중요하다. 하지만 이보다 더 중요한 것은 무슨 일이 있어도 나만의 페이스를 잃지 않는 것이다. 이 원칙만 잘 기억하고 지킨다면, 여러분은 이번 방학을 어느 때보다 효율적이고 알차게 보낼 수 있을 것이다.

2장

방학이
저절로 굴러가는
시간 관리 시스템

성공의 비결은 자신을 통제하는 것이다.
만약 당신이 스스로를 통제할 수 있음을 증명한다면
당신의 성공은 시간문제다.

앨프리드 히치콕

공부는 의지가 아니라
'시스템'으로 하는 것이다!

———

"박철범 대표님, 제가 돈 쉽게 버는 방법 하나 알려 드릴까요?"

내가 '데이스터디'라는 온라인 교육 사이트를 운영하던 시절, 알고 지내던 한 사람이 말했다. 나는 속으로 '이 사람이 무슨 사기를 치려고 이러나?' 싶었지만 일단 말해 보라고 했다. 그랬더니 그는 주변 사람에게 선물할 물건을 찾다가 온라인에서 좋은 수익모델을 하나 발견했다고 했다.

고급 수제 앨범을 만들어 파는 사이트인데, 앨범 제작비가 전액 무료라고 광고한다는 것이다. 그런데 일단 결제는 먼저 해야 한다. 다만 앨범에 수록할 글이나 사진을 하루도 빠짐없이 100일 동안 매일 사이트에 등록하면 전액 환불이 가능하다는 것이다. 그런데 여기서 중요한 포인트가 있다. 이걸 완벽하게 실천할 만큼 부지런한 사람은 거의 없다는 사실이다.

신나게 설명을 마친 그는 나에게 이렇게 제안했다.

"대표님도 사이트를 운영하시잖아요? 거기 강의를 전부 무료로 뿌린다고 광고를 하세요. 그럼 학생들이 '와! 대박이다' 하면서 막 클릭하겠죠? 무료이긴 하지만, 일단 처음에 결제는 하게 만듭니다. 대신 기간을 정해 두고 매일 출석 체크를 한다든가, 강의를 다 듣는다거나 하면 그때 환불해 주겠다는 거죠."

"그럼 결국 무료가 아닌 거잖아요?"

"아니죠. 100퍼센트 출석이나 완강을 하면 환불해 준다니까요? 그럼 그때는 무료가 맞죠."

"그럼 정리하자면, 학생들은 자기가 노력만 하면 얼마든지 무료가 될 수 있다는 믿음으로 강의를 결제하는데, 실제로 그런 일은 거의 발생하지 않아서 결국 수익이 많이 나는 거다, 이 말이죠? 꼭 로또 같네요."

"그렇죠. 요새 온라인 사교육 장사는 이런 식으로 많이들 합니다. '이게 다 너희들 열심히 공부하도록 도와주려고 만든 시스템이다'라고 포장하면 더 좋겠죠. 그리고 실패하더라도 기회를 한두 번 더 주는 것도 좋겠네요. 어차피 그래도 못 할 테니까요. 물론 이걸 해내는 학생이 몇몇은 있겠죠? 이런 경우에는 오히려 대대적으로 광고를 하세요. 이것 봐라. 불가능한 것은 아니지 않느냐? 누군가는 이렇게 해내고야 만다. 그러니 너도 한번 도전해 봐라. 이렇게 말이죠. 그러면요, 돈이 그냥 막 들어옵니다. 하하하!"

나는 정말로 감탄했다. 물론 지금은 흔히 볼 수 있는 홍보 전략이지만, 그 당시만 해도 무척 참신한 발상처럼 여겨졌다. '역시 돈 잘 버는 사람들은 두뇌가 기가 막히게 돌아가는구나. 장사 잘하는 머리는 따로 있구나' 싶었다. 그렇지만 나는 그렇게 할 생각이 전혀 없다고 딱 잘라 말했다.

물론 거짓말을 한 셈은 아니니 법적으로는 사기가 아니다. 하지만 강의를 구매한 학생이 나에게 "저의 롤모델은 철범 샘이세요! 철범 샘만 믿습니다."라고 말한다면……. 글쎄, 나는 마음이 너무 무거워서 잠도 못 잘 것 같았다. 그래서 나는 그런 노하우를 오히려 학생들을 돕는 데 쓰고 싶지, 장사하는 데 쓸 생각은 없다고 말했다. 그러자 그는 눈을 동그랗게 뜨고 돈 벌 생각이 정말 없는 거냐고 물었다. 그의 말에 내가 대답했다.

"돈은 벌어야겠지만, 이쪽 분야의 일로는 벌고 싶지 않아요. 물론 지금 데이스터디 사이트에서 강의도 하고 상담도 하지만 저는 수익을 가져가지 않습니다. 돈 벌려고 만든 사이트가 아니니 굳이 그렇게까지 할 필요가 없을 것 같아요."

그랬더니 그는 어이가 없다는 투로 '그것도 일종의 허세'라며 톡 쏘아붙이고 돌아섰다.

'내가 정말 허세를 부린 건가?' 곰곰이 생각해 봤지만, 아닌 것 같았다. 내가 그의 제안을 거절한 이유는 그 방법이 도덕적으로 옳지 못해서가 아니었다. 단지 '장사를 하는 것'은 내가 잘하는 일도 아니고 관심 있는 분야도 아니라 거기에 굳이 에너지를 쏟고 싶지 않았을 뿐이었다.

우리는 게을러질 수밖에 없는 시스템 안에 있다

내가 관심을 두는 건 '삶을 바꾸는 아이디어'와 이것을 '사람들과 나누는 일'이다. 실제로 그 사람에게 들은 이야기에서 내 관심을 끈 부분이 있긴 했다. 그런 방법으로 돈을 많이 벌 수 있다는 사실이 아니라, 실제론 이미 돈을 지불했는데도 '이건 (내가 노력만 한다면) 무료다!' 하는 마음으로 결제 버튼을 누르는 구매자들의 '심리'였다. 이런 심리가 발동하는 원리에 주목한다면 공부를 대하는 우리의 마음가짐을 바꿀 힌트도 얻을 수 있지 않을까?

그렇다면 자신이 환불받을 수 있으리라는 생각에 덜컥 결제부터 해 버리는 사람들의 심리를 생각해 보자. 이런 심리는 마치 우리가 방학을 시작할 때의 마음가짐과도 비슷하다. 우리도 '(내가 노력만 한 다면) 이번 방학에 열심히 공부해서 다음 학기 성적을 올릴 수 있을 것 같은 마음'으로 방학을 맞이한다. 하지만 지난 경험에서 알 수 있듯이 이런 마음은 며칠만 지나도 나 자신에 대한 자책으로 바뀐다. 시간이 지날수록 '난 틀렸어', '그냥 포기할까 봐' 하는 마음만 커진다.

여기서 중요한 사실이 하나 있다. 바로 우리의 방학이 매번 실패하는 이유는 우리가 게을러서가 아니다. 그보다는, 우리가 애초에 게으를 수밖에 없는 시스템에 들어가 있기 때문이다. 마치 '내가 돈을 내긴 했지만 매일 출석하면 다시 환불받을 수 있으니 이건 무료야!' 하고 결제부터 한 사람이 결국 혜택을 받지 못하는 것처럼 말이다. 구매자가 혜택을 받지 못하는 이유는 게을러서가 아니다. 애초에 달성하기 힘든 미션에 걸려들었을 뿐이다. 따라서 계획을 세워도 늘 지키지 못하고 한없이 게을러진다면, 의지가 부족한 자신을 탓하기보다는 '게으름을 방지하는 시스템'을 먼저 만들어야 한다.

실패를 예상해서 대비책을 미리 세워라

그렇다면 무엇이 게으름을 방지하는 시스템의 역할을 할 수 있을까? 우선 '피하고 싶은 결과'는 그 방지책이 될 수 없다. 예컨대 '지금 접속하지 못하면 무료 혜택을 받지 못할 수도 있어!'라는 '피하고 싶은 결과'로는 절대 게으름을 극복하지 못한다는 의미다. 한두 번은 계획을 지킬지 몰라도 대부분 결국 실패하기 마련이다. 무료 혜택이라는 그럴싸한 이벤트로 온라인 사교육 업체들이 막대한 수익을 벌어들이는 것만 봐도 잘 알 수 있지 않은가.

게으름을 방지하는 방법은, '내가 실패할 수도 있다는 것을 예상하는 시스템'이다. 즉 실패에 대한 대비책을 미리 세워야 한다. 교통사고가 났을 때 크게 다치지 않는 방법은 '운전을 100퍼센트 완벽하게 하는 것'이 아니다. 교통사고가 나더라도 피해를 최소화할 수 있는 방법은 바로 '안전벨트를 미리 매는 것'이다.

시간 관리도 마찬가지다. 내가 실패할 수도 있다는 사실을 늘 염두에 두고 이에 대한 대비책을 세워 놓는 일은 얼핏 보면 사소해보이지만 굉장히 중요한 습관이자 마음가짐이다. 이것은 하루를 습관처럼 무의미하고 게으르게 보내는 것을 막아 주고 방학이 실패로 치닫는 것을 방지한다. 이것이 지금부터 이야기할 2장의 핵심이다.

좋은 공부법을 아무리 많이 알아도 일단 자리에 앉아야 실천할 수 있다. 한번 게을러지면 어떤 공부 방법도 의미가 없다. 반면에 일단 부지런해지기만 하면 계획의 90퍼센트가 이미 해결된 것이나 다름없다. 이 시간에 어떤 공부를 하느냐는 부차적인 문제일 뿐이다. 따라서 지금부터 설명할 내용은 이 책에서 내가 여러분에게 가장 힘주어 말하고 싶은 부분이다. 부디 귀 기울여 잘 들어주면 좋겠다.

매일 아침을
도서관에서 시작하라

나는 이 세상에 절대적으로 옳은 것은 하나도 없다고 생각하는 사람이다. 누구나 저마다 생각과 가치관이 다르기 마련인데 어떻게 정답이란 것이 존재할까. 하지만 공부법에 있어서만큼은 생각이 다르다. 누구에게나 예외가 거의 없는, 그래서 여러분이 묻지도 따지지도 말고 반드시 지켰으면 하는 원칙이 있다.

'방학에는 매일 도서관으로 가라'는 것이 바로 이 원칙이다. 되도록 일찍 도서관에 가서, 절대 중간에 오지 말고, 최대한 늦게 집에 돌아오자. 방학을 매일 이렇게 보낸다면 내가 장담컨대 여러분의 성적은 다음 학기에 반드시 오른다.

방학을 앞두고 어떻게 공부해야 하냐고 묻는 학생들에게 나는 단 한 번도 "무조건 열심히 해야지."라고 대답한 적이 없다. 대신에 꼭 당부하는 말이 있다.

"매일 아침 눈을 뜨면 도서관부터 가렴!"

이 말을 입이 닳도록 강조하는 이유는 이 간단한 것조차도 지키지 못하는 학생들이 태반이기 때문이다. 다시 한번 강조한다. 방학을 알차고 의미 있게 보내고 싶다면, 매일 도서관에 가는 일을 꼭 실천해야 할 '1순위 원칙'으로 삼아라.

하루가 완전히 달라지는 '도서관 맞춤 스케줄'

나 역시 이 원칙을 지켜서 효과를 톡톡히 봤다. 나의 방학은 늘 아침 8시에 도서관에서 시작되었다. 날이 더울 때도, 비나 눈이 올 때도, 아침 8시에는 무조건 도서관의 내 자리에 앉아서 공부를 시작했다. 당시 내 스케줄은 다음과 같았다.

아침 8시부터 오전 11시 30분까지 공부한다. 이후 1시간 동안 점심을 먹고 12시 30분부터 5시 30분까지 또 공부한다. 저녁 식사 시간도 역시 1시간이다. 식사 후 6시 30분부터 밤 10시까지 공부한다. 집으로 돌아오면 책을 읽다가 바로 잠자리에 든다. 이렇게 하면 밤 11시부터 다음 날 아침 7시까지, 8시간이나 잘 수 있다. 잠도 푹 자면서 하루에 공부할 수 있는 시간이 무려 '12시간'에 이른다. 솔직히 이 정도로 책상 앞에 앉아 있다면 대개 누구라도 성적이 수직으로 상승하게 마련이다.

이 스케줄대로 공부해서 성적을 올린 학생들이 전국에 수도 없이 많다. 내가 특별히 잘나서 성적이 오른 게 아니라는 뜻이다. 살이 찐 사람이라도 조금 먹고 많이 움직이면 살이 빠질 수밖에 없듯이, 이 정도의 시간 동안 효율적인 방법으로 공부하면 누구나 성적이 오를 수밖에 없다.

물론 세부적인 스케줄은 조금씩 달라질 수 있다. 예컨대 꼭 '아침 8시'가 공부의 시작이어야 하는 것은 아니다. 도서관이 집에서 너무 멀다든지, 아침밥을 천천히 먹는다든지 등의 여러 가지 사정 때문에 누군가는 10시에 시작할 수도 있다. 반대로 어떤 학생은 아침 7시에 시작해야 성이 찰 수도 있다. 그러나 내가 공부한 경험과 내가 가르쳤던 학생들에게 적용해 본 경험에 비추면, 아침 7시에 공부를 시작하는 생활은 몸이 너무 피곤하고 쉽게 지친다. 반면 아침 9시나 그 이후에 공부를 시작하면 뭔가 부지런하지 못한 느낌이 들어 만족감이 떨어질 수 있다. 따라서 8시가 가장 적정한 시간이라는 결론이 나온다.

참고로 점심시간이 12시 이후가 아니라 11시 30분인 이유도 나의 경험에서 우러나온 노하우다. 일단 12시는 배가 너무 고프다. 일반적으로 우리나라 학생들이 아침을 거르거나 부실하게 먹기 때문이다. 따라서 점심은 조금 일찍 먹는 편이 좋다. 점심을 11시 30분 정도에 먹으면 저녁에도 일찍 배가 고파진다. 그러니 저녁도 5시 30분 정도에 다소 일찍 먹도록 한다.

저녁을 일찍 먹는 데는 중요한 이유가 하나 더 있다. 저녁을 늦게 먹다 보면 심지어 9시가 될 때도 있는데, 이러면 하루가 다 끝나 버린 것처럼 느껴진다. 그래서 이 시간 이후의 공부가 손에 잘 잡히지 않고, 그러다 보면 결국 마음이 붕 떠서 가방을 챙겨서 도서관을 나가게 되는 때가 많다. 이런 일을 방지하기 위해서 저녁밥을 되도록 일찍 먹고 저녁 공부도 일찍 시작하는 것이다.

시간대에 따라 공부할 과목을 구분하라

도서관에서 공부할 때 반드시 유의할 점이 있다. 당연한 일이지만, 도서관에서는 공부 시작 종과 쉬는 시간 종이 울리지 않는다. 그래서 공부의 시작과 끝을 스스로 정해야 한다. 이때 내가 추천하는 기준이 있다. 그것은 식사 시간을 기준으로 과목을 나누는 것이다. 예컨대 오전에는 국어와 영어, 오후에는 수학, 저녁에는 사회나 과학을 공부하는 식이다.

물론 그 시간대에 꼭 그 과목을 공부해야 한다는 법칙이 있는 건 아니다. 그러나 내가 여러 가지 방법을 써 봤을 때 이게 가장 좋은 패턴이었다. 그 이유는 다음과 같다.

아침에는 아무래도 머리가 덜 깬 상태라 집중이 잘되지 않는다. 따라서 교재가 '한글'이라 그저 쭉 읽으면 되는 공부가 편하다. 국어가 딱 그런 과목이다. 그리고 국어는 어학 과목이기 때문에 비슷한 성격의 과목인 영어를 연달아 공부하면 집중력이 자연스럽게 이어져 두 배로 효과를 볼 수 있다.

이렇게 국어와 영어를 점심 식사 전까지 공부한다. 두 과목의 공부 시간 비율은 자신의 실력에 따라 조절하면 된다. 예컨대 국어 1시간, 영어 2시간 30분, 이런 식으로 말이다. 물론 '방학 때 국어를 꼭 해야 한다'는 원칙이 있는 것은 아니므로, 영어 과목에 취약하다면 오전에 영어만 집중적으로 공부해도 무방하다.

점심 식사 이후는 머리가 가장 잘 돌아가는 시간이다. 어떤 학생들은 자기는 점심을 먹고 나면 너무 졸려서 오히려 밤에 머리가 잘 돌아간다고 하는데, 이런 경우 혹시 수면 패턴이 뒤바뀐 것은 아닌지 체크해 봐야 한다.

방학 동안에도 학기 중의 수면 패턴을 잃지 않으려면 자신이 낮보다 밤에 공부가 더 잘되는 올빼미 유형이더라도 '오후'에 머리가 가장 잘 돌아가는 몸으로 바꿔야 한다. 거창한 방법은 필요 없다. 단지 일찍 자고, 푹 자고, 일찍 일어나는 습관을 일주일 이상 지속하면 자연스럽게 몸의 리듬이 바뀔 수 있다. 한번 시도해 보자.

오후 시간대는 본격적으로 공부할 시간이다. 따라서 이때는 가장 중요한 과목인 수학을 공부하도록 한다. 시간도 가장 많이 배정한다. 12시 30분부터 5시 30분까지 무려 5시간을 모두 수학에 쏟아붓는 것이다. 구체적으로 어떻게 공부해야 하는지는 뒤에 나올 3장과 5장에서 자세히 소개하겠다. 우선 여기에서는 하루 중 수학 공부를 언제(오후 시간), 얼마나(5시간 이상) 하면 좋을지만 기억하자.

저녁을 먹고 나면 그때부터 우리 몸은 급격히 피곤을 느낀다. 빨리 집에 돌아가 쉬고 싶은 마음이 간절해진다. 따라서 이때는 힘들고 어렵게 느껴지는 과목은 피하는 것이 좋다. 예컨대 복잡한 수학 응용문제나 방대한 분량의 영어단어, 이해하기 어려운 영어문법처럼 고도의 집중력과 이해력이 필요해서 쉽게 피로감을 느낄 수 있는 공부는 제외하자. 대신 저녁 시간에 공부하기 좋은 과목이 따로 있다. 바로 사회와 과학이다. 이 과목들은 설명이 자세한 자습서나 기본서를 펼쳐서 마치 책을 읽듯이 눈으로 술술 읽어 나가기만 하면 되기 때문이다.

만약 이렇게 하루를 보낸다면 여러분은 매일 주요 과목을 모두 공부할 수 있다. 그야말로 대박이다! 그러나 실제로는 이렇게 100퍼센트 달성하기가 힘들 것이다. 특히 고등학생의 경우 방학에도 학교에 나가야 하는 경우가 많다. 어떤 학생은 과외 때문에 저녁에 집에 일찍 돌아가야 할 수도 있다. 그래서 이론적으로는 하루에 12시간을 공부할 수 있지만, 이런저런 사정 때문에 실제로 공부하는 시간은 5~6시간에 불과할 수도 있다. 하지만 괜찮다. 그래도 방학은 성공한다. 여러분이 '도서관에 매일 나가기만 한다면' 말이다.

공부로 쉽게 돌아갈 수 있는 시스템을 만들어라

방학 때 시간 관리를 잘하려면 어떻게든 '집'이라는 시스템 속에서 뛰쳐나와야 한다. 그리고 '도서관'이라는 새로운 시스템으로 들어가야 한다. 설령 도서관에서 공부하다가 졸더라도, 도서관 주변을 어슬렁거리다가 몇 시간이나 흘려보내도, 컴퓨터실에 가서 놀더라도, 자료열람실에서 만화책을 뒤적이더라도, 심지어 도서관 야외 벤치에 앉아만 있어도 괜찮다.

도서관 주변에 머물러 있기만 해도 이미 '공부로 쉽게 돌아갈 수 있는 시스템' 속에 있기 때문이다. 그렇지 않고 집에 있다면 마음이 흐트러져도 쉽게 다잡지 못한다. 이 패턴이 반복되면 어느덧 흐트러진 생활을 바로잡겠다는 의지조차 생기지 않는데, 이게 바로 방학을 완전히 망쳐 버리는 주요 실패 요인이다.

물론 세상 모든 일이 그렇듯 여기에도 예외가 아주 없는 것은 아니다. 굳이 도서관에 가지 않아도 공부를 잘하는 학생이 있을 수도 있다. 내 경험상으로 100명 중에 3명 정도는 그렇다. 대부분 공부 스타일이 독특하거나 당장 시험이 눈앞에 닥친 경우다. 예컨대 어떤 학생은 시끄럽게 떠들면서 영어공부를 하거나 잠을 쫓기 위해 선 채로 공부하는 습관이 있어서 도서관보다 집에서 공부하는 걸 더 편하게 느낀다. 수능이 임박한 고3이라면 이미 발등에 불이 떨어졌기 때문에 집에서도 흐트러지지 않고 공부할 수도 있다. 만약 이런 경우라면 3퍼센트의 예외에 해당한다.

그러나 지금 이 책을 읽는 여러분은 대부분 나머지 97퍼센트에 해당할 가능성이 크다. 그러니 일단 도서관으로 가길 바란다. 비록 도서관에서 놀게 되더라도 최대한 늦게까지 머물러 있자. 성공적인 방학은 이렇게 시작된다.

생각은 멈추고
몸부터 움직여라

다음은 한 학생의 하루를 순서대로 나열한 것이다. 이 학생의 하루는 결국 실패로 끝났다. 무엇이 문제였을까? 과연 몇 번부터 하루가 꼬이기 시작했을지, 이 학생이 저지른 실수가 무엇인지 생각하며 찬찬히 읽어 보자.

① 도서관에 가기 위해 아침 일찍 일어났다.

② 플래너를 펼쳐서 계획표를 바라보며 오늘 해야 할 공부가 무엇인지 확인했다.

③ 학원 숙제, 스스로 푸는 문제집 등 도서관에 가서 공부해야 할 게

정말 많다. 가슴이 답답하지만 오늘 하루 열심히 해서 모두 끝내 보자고 결심했다.

④ 갑자기 도서관에 가기가 너무 싫어졌다. 스마트폰을 켜서 지난밤 친구들에게 온 톡이나 메시지가 있는지 확인했다.

⑤ 톡과 메시지만 확인하려 했는데, 어쩌다 보니 연예 뉴스를 보고 말 았다. 탭을 넘기니 지난번에 읽다 만 웹툰의 새 연재 알람이 떠서 터치했다. 이렇게 몇 시간이 지나니 엄마가 점심을 먹으라고 한다.

⑥ 오늘 하루는 글렀구나 싶어서 포기하는 마음으로 침대에 몸을 던 졌다. 스마트폰으로 친구들의 인스타그램을 구경하며 놀았다.

⑦ 그렇게 하루가 무의미하게 흘러가 버렸다.

아마도 여러분 대다수가 ⑤번이 문제라고 대답할 것 같다. 연예 뉴스와 웹툰을 보며 놀았던 부분 말이다. 또 누군가는 ④번을 선택 하며 애초에 스마트폰을 왜 켰느냐고 지적할 수도 있다. 그런데 놀 랍게도 정답은 ②번이다. 플래너를 펼쳐서 계획표를 확인한 순간 말이다. 왜 그럴까? 여기에는 시간 관리와 연관된 중요한 비밀이 하나 숨어 있다. 지금부터는 우리가 게을러질 수밖에 없는 이유를 과학적 원리를 통해 살펴보자.

우리가 공부를 제시간에 시작하지 못하는 이유

인간의 대뇌는 뇌의 가장 바깥쪽에 위치한 '대뇌피질'과 그 안쪽의 '변연계'로 구성된다. 대뇌피질은 '이성의 뇌'로 문제 해결이나 판단 기능을 담당하고, 변연계는 '감정의 뇌'로 감정 조절이나 기억과 관련된 기능을 담당한다. 예컨대 '치킨이 먹고 싶어'라는 감정은 변연계에서 나오지만 '살찌니까 참아야지'라는 이성적인 생각은 대뇌피질에서 나오는 것이다.

변연계는 마치 '어리광을 피우는 꼬마'와도 같다. 살이 찌든 말든 내 알 바 아니고, 나는 지금 당장 치킨이 먹고 싶으니까 일단 내놓으라는 것이다. 대뇌피질은 이런 변연계의 어리광을 달래는 역할을 한다. 그런데 평소에는 금방 잠잠해지던 변연계가 확 돌변하는 순간이 있다. 바로 긴급 상황에 부닥쳤을 때다. 예를 들어 산길을 걷고 있는데, 갑자기 뒤에서 "크르렁 크르렁" 하는 불길한 소리가 들려 온다고 하자.

놀라서 뒤를 돌아보니 침을 질질 흘리는 사냥개 한 마리가 나를 노려보고 있다. 이런 상황에서 '음…… 사냥개가 왜 여기에 있지? 침을 많이 흘리는 걸 보니 오랫동안 밥을 굶었나? 날 계속 쳐다보는데 설마 공격하려는 건가? 그렇다면 나는 어떻게 해야 하지?' 하며 이성적인 생각에 잠겨 있을 사람은 없다. 백이면 백, 아무 생각 없이 본능적으로 후다닥 도망갈 것이다. 이 역할을 하는 것이 변연계다. 변연계가 "무서워! 도망가! 어서!"라는 비상 경고를 온몸에 울리는 순간, 대뇌피질의 합리적인 생각도 마비된다. 그래야 일단 살아남을 수 있기 때문이다.

앞선 질문에서 정답이 ②번인 이유가 바로 이 때문이다. 플래너를 펼쳐서 오늘 해야 할 것을 확인하자마자 가슴이 답답해진다. '이 많은 걸 언제 다 끝내지?'라는 생각이 들면서 마치 사냥개를 봤을 때처럼 변연계가 깨어난다. 변연계는 "못 해! 하기 싫어!"라고 떼를 쓰면서 경보를 울린다. 뒤늦게 대뇌피질이 "너 오늘 도서관에 가기로 약속했잖아!"라고 타일러 보지만, 이미 몸은 이성을 잃은 변연계에게 지배당한 상태다. 그래서 이 꼬마 아이를 달래려고 ④번처럼 행동하는 것이다.

"그래! 알았어! 좀 진정해 봐. 내가 지금 스마트폰을 켤게! 친구들한테 톡이 왔는지 볼까? 아니면 웹툰은 어때? 도서관에 안 갈 테니까 이제 우는소리 좀 제발 멈춰!"

이런 식으로 흘러가는 것이다. 기억하자. 우리가 공부를 제시간에 시작하지 못하는 이유는, 앞으로 다가올 일들에 관해서 너무 오래 생각하기 때문이다. '이것도 해야 하고, 저것도 해야 하고, 이걸 끝내려면 도대체 몇 시간이나 해야 하는 거야? 어휴……'라는 생각이 든 순간, 행동은 '그래! 그냥 나중에 하자!'로 결정되는 것이다.

게으름을 막는 것은 습관밖에 없다

이렇게 행동하는 것을 막기 위한 유일한 방법은 아무 생각도 하지 말고 일단 몸부터 움직이는 것이다. 오늘은 무엇을 할지, 일마나 할지, 어떻게 할지, 언제까지 할지 등 구체적인 생각은 잠시 접어 두자.

아침에 눈을 떴다면 아무 생각 없이 무작정 가방을 둘러메고 일단 집을 나서야 한다. 그래야 변연계가 깨어나지 않는다. 따라서 공부 계획을 확인하거나 가방을 싸는 일 따위는 모두 '그 전날 밤'에 미리 끝내 둬야 한다.

우리는 배가 고플 때 치킨을 시킬까 말까 고민한다. 변연계와 대뇌피질이 치열하게 싸우는 순간이다. 이 경우 대부분 변연계가 이긴다. 사실 치킨을 시킬까 말까 고민을 시작하는 순간에 승패는 이미 결정된 것이나 다름없다. 애초부터 승산이 없는 싸움이다. 고민을 오래 하면 할수록, '왜 치킨을 시키는 것이 옳은지'에 대한 변명거리만 늘어날 뿐이다. 뇌를 연구하는 과학자들이 그 이유를 두고 연구한 결과, '할까? 말까?' 하는 생각이 '5초'를 넘어가는 순간 대부분 변연계가 이긴다는 사실을 밝혀냈다. 내 경험에 비춰 보아도 이것은 정말로 정확하다.

방학 동안의 시간 관리에서 가장 중요한 것은 '제시간에 공부를 시작하는 것'이다. 물론 가장 실천하기 힘든 부분이기도 하다. 이 것이 쉬워지려면 일단 아무 생각 없이 공부할 장소에 자신의 몸을 던져야 한다. 생각이 많으면 결국 행동하지 못하기 때문이다. 따라서 방학 동안 아침 일찍 도서관으로 가기로 계획했다면 오로지 한 가지 생각만 해야 한다. 어서 빨리 집을 나가는 것, 그래서 어서 빨리 도서관에 도착하는 것이다.

나의 경우, 아침에 이어폰을 귀에 꽂고 나가는 것도 효과가 있었다. 음악으로 머리를 채워서 다른 생각을 하지 않기 위해서였다. 도서관에 도착해서 30분 정도 만화책을 보는 것도 효과가 있었다. 공부하러 가는 것이 아니라 만화책을 보러 가는 것이라고 스스로를 달래기 위함이었다(물론 이 시간은 꼭 지키고 다른 시간에는 일절 보지 않았다). 이렇게 며칠 동안이라도 일단 도서관에 가게 되니 나중에는 이어폰도 만화책도 필요가 없어졌다. 정해진 시간에 도서관 자리에 앉는 것이 이미 습관이 되었기 때문이다.

자, 다시 한번 명심하자. 게으름을 막는 건 굳은 의지가 아니다. 이처럼 '몸에 익은 습관'만이 게으름을 막을 수 있다.

집에 돌아갈 시간까지
무조건 버텨라

―――――

여기까지 조언을 들었다면, 아마 여러분 중 대다수가 "이번 방학부터는 꼭 도서관에 가겠어!" 하고 결심할 것이다. 그런데 문제는 이 결심이 오래가지 않는다는 사실이다. 처음 며칠은 의욕 있게 실천하겠지만, 이내 게을러져서 도서관을 향한 발길이 점점 끊길 것이다. 그 이유가 무엇일까? 친구들이 놀자고 꼬드겨서? 아침에 일찍 일어나는 게 힘들어서? 학교에 가지 않는데도 공부를 해야 하는 게 왠지 억울해서? 모두 정답이 아니다. 우리가 쉽게 게을러지는 이유는 사실 따로 있다.

이것은 실제 사례다. 고등학교 1학년인 남학생 A군이 있었다. A

군은 방학에도 학교에 나가 보충수업을 들었고, 이를 마치면 곧장 도서관으로 향했다. 그런데 문제가 생겼다. 보충수업이 오전에 끝나기 때문에 '점심 급식'이 따로 나오지 않는 것이다. 식사는 어떻게든 해결해야 하지 않겠는가? 그래서 처음에는 도서관 근처의 분식점에서 점심을 해결했다. 편의점에서 빵이나 삼각김밥 같은 것을 사 먹기도 했다.

이 사실을 알게 된 A군의 어머니는 "점심은 집에 와서 먹고 나가라."라고 하셨다. 가정주부인 A군의 어머니는 아들이 밖에서 인스턴트 식품을 사 먹는 게 안타까워 손수 점심을 차려 주셨다. A군으로서도 감사한 일이었다. 더군다나 방학 동안 열심히 공부하겠다며 도서관에 가려는 기특한 아들 앞에 차려지는 식단이 초라할 리가 없었다.

맛있는 밥과 반찬으로 배가 부른 A군은 오후에 공부할 것들을 가방에 챙겨 넣었다. 그리고 본격적으로 공부를 시작하기 전에 잠시 쉬기 위해 컴퓨터를 켰다. 어차피 점심을 먹으면 소화를 위해서 쉬어야 하니까, 이 시간에 컴퓨터를 조금 하는 것이 그렇게 큰 잘못은 아니지 않겠는가?

하지만 우리는 이미 알고 있다. 애초에 컴퓨터를 딱 정해진 시간까지만 하는 건 불가능하다는 사실을! 그렇게 A군은 저녁까지 컴퓨터를 하거나 낮잠을 자면서 점점 게을러져 갔다. 집안 분위기도 나빠졌다. "공부한다더니 도서관에는 왜 안 가니?"라는 어머니와 "내 일은 내가 알아서 한다니까!"라는 A군 사이에 일상적으로 말다툼이 일어났다.

집으로 돌아갈 핑곗거리를 만들지 말라

자, 여러분이 생각하기에 A군의 방학이 꼬이기 시작한 때는 언제일까? 밥을 먹고 잠시 쉬겠다며 컴퓨터를 켰던 순간일까? 아니다. A군이 처음 저지른 실수, 즉 방학이 꼬이기 시작한 때는 바로 '점심을 먹기 위해 집으로 돌아간 바로 그 순간'이다.

이건 너무나 중요한 사실이기 때문에 다시 한번 힘주어 말하고 싶다. 앞서 나는 부지런해지는 방법, 다시 말해 시간 관리의 핵심은 의지가 아니라 '시스템'이라고 강조했었다. 이런 맥락에서 '집'은 부지런해지기가 애초에 힘든 시스템이니 되도록 '도서관'에 가서 최대한 늦게까지 버텨야 한다. 절대, 그 어떤 이유로도, 도중에 집으로 돌아가서는 안 된다. 설령 그 이유가 '밥을 먹기 위해서'라도 말이다.

시간 관리에 이유는 필요하지 않다. 좋은 이유 나쁜 이유가 따로 있는 게 아니라는 뜻이다. 놀기 위해서 집으로 가는 것은 안 되지만 밥을 먹으러 집으로 가는 것은 괜찮다고 생각하는 사람들이 많다. 그러나 어떤 이유로든 집으로 가면 안 된다. 그럼 밥은 어떻게 하느냐고? 어쩔 수 없다. 밖에서 사 먹어야 한다.

많은 부모들이 자녀의 공부를 본의 아니게 방해하고 만다. 부모님 입장에서는 어쩔 수 없는 본능이다. 우리 아이가 밖에서 몸에 좋지도 않은 음식을 사 먹는 것이 얼마나 안타깝게 느껴지겠는가. 게다가 냉장고 속에 안 먹고 썩어 가는 반찬이 많은데 밖에서 허튼 데 돈을 쓰는 게 아깝기도 할 것이다. 그러니 여러분은 지금 읽는 이 부분을 부모님께도 꼭 보여 드리길 바란다.

학교에서 도서관으로 바로 가겠다는 학생에게 "잠시 집에 들러 밥 먹고 나가라."는 말은 집에 와서 낮잠을 자거나 컴퓨터·TV·스마트폰을 보며 놀라는 말과 다를 게 없다. 아무리 의지가 강한 사람이라도 일단 내 집으로 돌아오면 누구라도 이렇게 할 수밖에 없기 때문이다.

따라서 부모님 입장에서 점심을 길거리에서 사 먹는 자녀가 애처롭다면, 차라리 아침에 도시락을 들려 보내야 한다. 그렇게 해서라도 중간에 집으로 돌아오는 것을 막아야 한다. 그러지 않으면 결국 부모와 자녀 간에 잔소리와 짜증이 오고 가며 서로 사이만 나빠지게 된다.

여담이지만 공공도서관의 구내식당에 가면 혼자 도시락을 먹고 있는 수험생을 간혹 볼 수 있다. 그들의 옷차림새와 표정만 봐도 마치 '전 지금 공부 외에는 아무것도 관심 없어요!'라고 말하는 듯한 분위기가 물씬 느껴진다. 공무원 시험이든 임용고시든 어려운 시험을 준비하는 경우가 대부분일 것이다. 중요한 사실은, 이런 사람들이 같은 도서관에 1년 이상 나타나는 경우는 거의 없다는 점이다. 이게 무슨 말이냐고? 이렇게 도시락까지 싸 와서 도서관에서 버티는 사람이라면 반드시 그해 안에 시험에 합격한다는 뜻이다.

현명한 학생이라면 지금 내 이야기의 포인트가 '밥'이 아님을 잘 알 것이다. '집으로 일찍 돌아가려는 마음'을 경계하라는 것이 포인트다. 물론 각자 사정이 다를 수도 있다. 예컨대 어떤 학생들은 저녁에 과외 때문에 일찍 집에 가야 할 수도 있다. 하지만 이런 경우라도 도서관 스케줄에 문제가 생기지 않도록, 과외 시간을 최대한 뒤로 미루는 것이 좋다.

게으름에 절대 지지 않는 핵심 비결

만약 저녁 7시부터 9시까지가 과외 수업이라면 어떨까? 이런 경우 저녁 5시에는 집으로 출발해야 할 것이다. 가는 데 시간도 걸리고 저녁도 먹어야 하기 때문이다. 그런데 실제로 학생들을 보면 5시가 아니라 4시, 심지어 3시에 집으로 돌아가는 경우가 많다. 집에 가서 과외 숙제를 해야 한다는 것이다. 이상한 일이지 않은가? 과외 숙제를 왜 꼭 집에 가서 해야 하는가? 그냥 도서관에서 하면 되지 않나?

이것이 사람의 심리다. 도서관에서 공부하는 사람의 마음속에는 '어서 빨리 집에 가고 싶다!'는 생각이 가득할 것이다. 이때 '과외 때문에 집에 가야 한다'는 정말 좋은 핑곗거리가 된다. 그래서 더 일찍 가기 위해 과외 숙제 같은 이유를 추가로 갖다 붙이는 것이다. 게다가 시간이 지나면 생각이 이렇게 흘러갈 것이다.

'어차피 오후 3시에는 집으로 가야 하는데 내가 왜 도서관에 왔지? 그냥 처음부터 집에서 하면 될 것을!'

결국 도서관을 다니는 것도 포기하고 만다. 그래서 학교를 마치면 집으로 바로 돌아가고, 점심을 먹고 뒹굴면서 놀다가, 저녁에 과외를 하고 나면 9시가 되니까 공부를 더 하기도 애매하다면서 또 논다. 12시가 넘도록 이렇게 놀다가 다음 날도 늦잠을 잔다. 이렇게 되면 하루 중에서 공부하는 시간이라고 해 봐야 과외 하기 전에 숙제하는 그 잠깐의 시간이 전부다. 그렇게 방학이 망가져 가는 것이다.

이 모든 실패가 어디서부터 시작되었는가? 그렇다. 바로 집에 일찍 간 것부터다. 그러니 도서관에서 집으로 돌아가는 시간을 가능하다면 최대한 뒤로 미뤄야 한다. 과외를 해야 한다면 시작 시각을 저녁 9시 정도로 잡는 것이 가장 좋을 것이다. 수업이 끝나고 바로 잠들면 되니까 말이다. 이렇게 할 경우 도서관에서도 저녁 8시까지는 공부할 수 있으니 그야말로 하루가 180도 바뀌는 것이다.

과외는 하나의 예일 뿐, 모든 부분에 적용되는 원칙이다. 학원에 가는 것이든 심지어 부모님의 가게 일을 돕는 것이든 말이다. 도서관에서 최대한 버틸 수 있는 만큼 버티고, 그 외의 것들은 모두 뒤로 미루거나 아니면 아예 없애야 한다. 이것이 방학 동안 게으름에 지지 않는 핵심 비결이자 가장 효과적인 시스템이다.

아무리 늦게 자도
제시간에 일어나라

———

　늘 실패로 돌아갔던 지난 방학들을 떠올려 보자. 가장 큰 원인이 무엇이었나? 아마도 그것은 '공부법이 잘못되어서'라거나 '불필요한 공부를 너무 열심히 해서'는 아닐 것이다. 실패로 끝난 방학의 가장 큰 원인은 대부분 '게을러져서'다.

　그렇다면 게을렀던 하루를 다시 떠올려 보자. 물론 많이 놀았겠지만, 그 '놀았다'는 시간을 자세히 생각해 보면 꽤 억울한 마음이 드는 것도 사실이다. 바로 '막상 따져 보면 방학 때 그렇게 많이 놀았던 것도 아니라는 점' 때문이다. 물론 학교에 나갈 때보다 친구들과 몇 번 더 만났고, 게임을 더 자주 했고, 웹툰을 더 오래 봤겠지만 그렇다고 며칠씩 밤을 새워 가며 논 것은 아니다. 방학 내내 해외여행을 다닌 것도 아니고 워터파크나 스키장에서 몇 주일씩 머물렀던 것도 아니다. 그런데 그 많은 시간이 다 어디로 갔을까? 우리는 가슴 아픈 그 대답을 이미 알고 있다.

자는 데 다 썼다!

도대체 우리는 방학 때만 되면 왜 그렇게 많이 자는 걸까? 과학자들의 연구 결과 잠은 7시간 30분이나 아무리 많아도 8시간 정도 자는 것이 적당하다는데, 그 정도만 자고 일어날 수 있다면 얼마나 좋을까? 그러면 차라리 노는 시간이라도 더 늘어났을 텐데. 물론 다음 학기 성적은 보장할 수 없겠지만 그래도 신나게 놀기라도 했다는 만족감은 남을 테니 최소한 후회스러운 방학은 아닐 것이다. 그런데도 왜 우리는 방학마다, 마치 신생아라도 된 것처럼 잠만 자는 걸까?

하루를 망쳤다면 악순환의 고리를 빨리 끊어라

물론 1장에서 이야기한 대로 아침에 뭔가 '꼭 일어나야 할 의무가 있는 스케줄'을 만들면 도움이 되긴 한다. 오전에 시작하는 학원에 간다든지 학교 보충수업을 신청한다든지 하는 식으로 말이다. 그러나 이렇게 했음에도 제시간에 일어나는 것은 여전히 어렵다. 그 이유는 딱 하나다. 밤에 뭔가 다른 일을 하기 때문이다.

　사실 이것은 누구에게나 해당하는 심리적 문제다. 오히려 열심히 공부하는 사람일수록 '너무 억울해서 오늘 하루를 이대로 끝낼 수는 없다!'라는 마음이 더욱 강하게 든다. '오늘 너무 고생했지. 종일 공부에만 시달렸잖아. 이제야 겨우 내 시간을 가지게 됐는데, 고작 웹툰 몇 개 봤더니 벌써 12시라고?'라는 생각에 너무 억울하다. 이대로는 잠들지 못한다. 시간을 보상받아야겠다는 생각으로 결국 새벽까지 게임을 하거나, 친구와 스마트폰으로 밤새 떠들거나, SNS 속 행복해 보이는 사람들의 일상을 훔쳐보며 울적한 기분에 사로잡힌다.

　이처럼 '내 젊은 날의 일부인 오늘 하루를 공부로만 허무하게 끝내기 싫은 마음'은 누구에게나 있다. 그래서 쉽게 잠들지 못하는 것이다. 인간의 자연스러운 본능이고 잘못된 것도 아니다. 하지만 단 한 가지, 여러분이 꼭 실천해 줬으면 하는 게 있다.

　밤 11시에 자든 새벽 4시에 자든, 아침에 일어나는 시간은 예정된 딱 '그 시간'이어야 한다는 점이다. 다시 한번 강조하지만 반드시 그래야 한다. 그래야 비로소 시간 관리가 가능하기 때문이다. 내가 이렇게 이야기하면 어떤 학생은 다음과 같이 말할 것이다.

　"내일 도서관에 가서 공부해야 하잖아요? 최소한 7시간은 자야 머리가 돌아가지 않겠어요? 지금이 새벽 4시니까 오전 11시까지는 자야 내일 공부가 될 것 같은데요? 어떻게 3시간만 자고서 내일 공부를 하라는 말이죠?"

그렇다. 3시간밖에 못 자면 내일의 공부가, 아니 내일의 삶 자체가 제대로 흘러갈 리가 없다. 내 경험을 토대로 우리가 3시간만 자고 일어났을 때 겪을 수 있는 증상을 말해 주겠다.

일단 아침에 거울을 보면 얼굴에 죽음의 그림자가 드리운 것처럼 다크서클이 거무스름하게 번져 있을 것이다. 속은 종일 쓰릴 것이며, 얼굴에는 여드름, 눈에는 다래끼가 나고 겨드랑이에 있는 임파선이 붓는 등 각종 염증이 올라올 것이다. 온몸은 마치 물에 잠긴 것처럼 축축 늘어질 것이고 눈이 침침하고 따가울 것이다. 공부하기 위해 책을 펼쳐도 아무 생각도 들지 않을 것이다. 그야말로 하루가 지옥이 될 것이다.

여기서 내가 말하고자 하는 핵심은 이런 고통도 당해 보라는 것이다. 왜냐하면 이것도 새벽 4시까지 깨어 있었던 일종의 대가이기 때문이다. 그리고 비록 오늘 하루는 실패했지만 방학 전체는 실패하고 싶지 않은 여러분이 치러야 할 대가이기도 하다.

늦게 잠들었다고 해서 다음 날 늦게 일어나면 어떻게 될까? 일어나는 시간이 늦어지니 다음 날 밤에 또다시 잠이 오지 않게 된다. 그래서 또 늦게 자고 그다음 날은 더 늦게 일어나고 만다. 이렇게 일어나는 시간이 점점 뒤로 늦춰지고 나중에는 저녁 무렵에야 일어나는, 그야말로 폐인 생활의 시작이다.

이런 악순환을 막으려면 딱 한 가지 원칙만 적용하면 된다. 아무리 늦게 자더라도 예정된 시간에 일어날 것! 알람을 두 개, 세 개씩이라도 맞추자. 형제자매가 있다면 다소 과격한 방법이긴 하지만 "만약 내가 안 일어나면 뺨이라도 세게 때려 줘!"라고 부탁하자.

아마도 그들은 거절하기는커녕 오히려 눈을 반짝반짝 빛내며 "정말이지? 딴소리하기 없기야!" 하고 반길 것이다. 하지만 내 생각에는 과연 그렇게까지 고생할 필요가 있을까 싶다. 형제자매에게 그런 굴욕을 당할 바에야, 차라리 일찍 자는 게 낫지 않을까?

잠들기 전 최소 1시간 전에는 핸드폰을 꺼라

밤에 늦게까지 딴짓을 하는 건 내일 하루를 그냥 망쳐 버리겠다는 의미와 같다. 아무리 방학이라도 평일에는 공부로만 우리의 일상을 채워야 한다. 그래야 삶 전체가 편해진다. 괜히 밤이라고 이것저것 건드려 봐야 다음 날 제시간에 일어나지도 못하고 공부만 지겨워질 뿐이다. 그러면 도서관도 결국 안 가게 된다. 정 놀고 싶으면 주말에 실컷 놀자. 주말만 되면 실컷 놀 수 있다는 생각으로 평일에는 머릿속의 '떼를 쓰는 꼬마 아이'를 잘 달래야 한다.

이때 가장 경계해야 할 것은 바로 스마트폰이다. 잠자리에 들기 최소 1시간 전에는 절대로 스마트폰을 곁에 두거나 손에 쥐지 않도록 하자. 시간을 확인하고 싶거나 알람을 설정해야 한다면 스마트폰이 아니라 알람시계를 이용하자.

내 경우에는 스마트폰을 사용하는 '나만의 3가지 규칙'을 세웠다. 먼저 도서관에서 집에 돌아오면 그날 저녁에 메시지를 확인했다. 종일 친구들에게 온 메시지가 쌓여 있었지만 저녁 시간에 잠깐 확인한 뒤 답장을 보내 놓고 다시 전원을 껐다. 처음에는 바로바로 답장하지 않아 친구들이 싫어했지만, 시간이 지나자 나의 생활방식을 알게 된 친구들은 답장이 늦어도 '원래 이런 녀석이니까' 하고 넘어갔다.

또 밥을 먹거나 화장실에 갈 때는 절대로 스마트폰을 보지 않았다. 많은 학생이 식사 시간이나 화장실에 있는 동안 스마트폰을 보는데, 이건 매우 위험한 행동이다. 공부하는 동안 유지해 온 긴장감이 급격히 떨어지는 건 물론 자극적이거나 재미있는 콘텐츠를 접하면 여기에 빠져서 공부 모드로 다시 전환하기가 너무 어렵기 때문이다.

마지막으로 잠들기 두 시간 전에는 스마트폰 전원을 아예 끄고 되도록 내 눈에 보이지 않는 곳에 뒀다. 이렇게 몸에서 멀어지게 하면 확인하고 싶은 생각이 사라지고 나중에는 스마트폰 자체를 신경 쓰지 않게 된다. 대신 이 시간에는 독서를 하거나 운동을 했다. 가끔 기분 전환이 필요할 때는 좋아하는 미국 시트콤을 봤는데, 이것 역시 분량을 미리 확인한 뒤 딱 1편씩만 보거나 정해진 시간을 절대 넘기지 않았다.

　인간은 누구나 흐트러지고 누구나 실수를 하니까 여러분도 때로는 그럴 수 있다. 아니, 분명히 그럴 것이다. 인간이니까. 하지만 그렇게 되었더라도, 밤에 자신도 모르게 놀다가 늦게 자더라도, 지금 내가 말한 원칙은 꼭 지키길 바란다. 원래 일어나기로 계획한 그 시간에는 반드시 일어나자.

　방학 동안의 시간 관리는 제시간에 일어나는 것이 핵심이다. 제시간에 일어나는 가장 좋은 방법은 제시간에 자는 것이다. 만약 제시간에 잠들지 못했다면 제시간에 일어나기라도 해야 한다. 이 경우 다음 날 컨디션은 안 좋겠지만, 덕분에 이날 밤에는 너무 피곤해서 일찍 잠자리에 들 수 있을 것이다. 그러면 그다음 날부터는 다시 원래 시간에 일어나기가 쉬워진다. 그러면 하루를 망치더라도 방학은 절대로 망치지 않는다.

일단 시작하면
의욕은 저절로 생긴다

예전에 내가 공부를 못할 때는 공부를 시작하는 데만도 하루 대부분을 날렸다. 그게 일상이었다. 머릿속에서 '공부, 이거 정말 해야 해?'라는 질문에 '그래도 한번 해 보자!'라는 대답이 나오기까지도 몇 시간이나 걸렸다. 게다가 책상에 앉아서 각종 필기구를 늘어놓고, 오늘 사용할 볼펜 색깔을 고르는 데만 30분 이상을 썼다. '눈에 잘 띄는 색깔로 필기를 해야 공부도 더 잘되지 않겠어?'라고 자기 위안을 하면서 말이다.

그런데 여기서 끝나지 않는다. 갑자기 책상이 더러워 보여서 이걸 정리하는 데만 또다시 30분이 걸린다. 그래도 깨끗해 보이지 않아서 이제는 물티슈까지 가져와 본격적으로 닦기 시작한다. 이렇게 청소가 끝나면 드디어 공부를 시작하냐고? 아니다. 이제부터는 효율적인 공부를 위해서 '계획표'를 만들어야 한다. 그렇게 계획표를 만드는 데 무려 3시간이 걸렸다!

오케이, 드디어 완벽한 계획표가 완성되었다. 이제 본격적으로 공부를 열심히 하자. 그런데 문제가 생겼다. 이미 하루가 끝나 버린 것이다. 아무래도 계획표는 내일부터 지켜야 할 것 같다. 이처럼 내 삶은 허무한 나날들의 반복이었다.

'시작이 반이다'라는 속담이 있다. 뭐든지 처음 시작하는 것이 가장 어렵기 때문에 나온 말일 것이다. 그런데 예전의 나는 이 속담이 불만이었다.

'그래서 시작하기 힘든 건 어떻게 해결하라는 거지? 선조들의 지혜가 담긴 속담이라면 해결 방법도 가르쳐 줘야지!'

일단 시작만 하면 모든 게 쉬워지는 이유

우리의 방학이 실패로 치닫는 과정을 생각해 보자. 아침 일찍 도서관에 갔다. 공부 계획도 잘 세웠다. 그런데 막상 공부를 시작하려니 가슴이 답답하다. 이대로는 공부가 도저히 안 될 것 같다.

'그래! 바람이라도 잠깐 쐬고 오자.'

도서관 밖에 나가 음료수를 마시며 친구에게 톡을 날린다. '나 도서관 왔어. ㅋㅋ 근데 넘 하기 시러. ㅠㅠ' 이내 도착한 답장. '나도 ㅋㅋ' 몇 마디 주고받으니 더 할 말도 없다. 그런데도 다시 자리로 돌아가지 못하고 계속 주변을 서성인다. 아, 맞다! 학교 숙제가 있었지! 컴퓨터실에 가서 자료조사 좀 해야겠다.

그 뒤의 일은 이야기하지 않아도 쉽게 짐작할 수 있을 것이다. 이처럼 우리가 시간 관리에 실패하는 가장 큰 이유 중의 하나는 '시작을 제때 하지 못한다'는 점에 있다. 그렇다고 자책할 필요는 없다. 누구라도 그렇기 때문이다. '시작이 반이다'라는 속담이 말해 주듯이 인간이라면 누구나 마찬가지다. 하지만 주위를 둘러보면 어떤 사람은 시작을 쉽게 한다. 도대체 그 비결이 무엇일까? 나와는 달리 의지가 대단한 사람인 걸까? 아니면 뭔가 절박한 이유가 있는 걸까?

사실 그 비결은 의외로 간단하다. 바로 인간의 속성을 이용하는 것이다. 아주 옛날 선사 시대를 떠올려 보자. 그때도 사람들은 열심히 살아가야 했다. 물론 그때는 공부가 아니라 밭농사나 사냥을 열심히 해야 했다. 농사일이나 사냥을 시작하러 집을 나서는 것이 귀찮고 고통스럽기는 그 시대 사람들도 마찬가지였을 것이다. 그들도 인간이니까.

하지만 농사를 짓지 않으면, 사냥하지 않으면 굶어 죽는다. 빨리 일을 시작해야 생존할 수 있다. 그래서 인간의 몸은 놀라운 능력을 만들어 냈다. 그것은 바로 일단 계획한 일을 '시작'하기만 하면 대뇌의 '측좌핵'이라는 부분이 흥분하는 것이다. 측좌핵의 역할은 간단하다. 힘들다는 생각 자체를 마비시켜 일을 계속할 수 있게 만들고, 일을 끝내도록 돕는다. 이것이 인간의 생존 비결이다.

의욕이 없어서 시작하지 못하는 게 아니라
시작하지 않아서 의욕이 없는 것이다

공부든 일이든 시작하는 것은 당연히 고통스럽다. 그런데 순간적으로 '의욕이 안 생기니까 잠시 머리 좀 식히고 와야지!'라고 생각한다면, 문제는 절대 해결되지 않고 공부나 일이 또다시 뒤로 미뤄질 뿐이다. 이건 무척 중요한 말이니 꼭 기억하자. 우리가 의욕이 없어서 시작하지 못하는 게 아니다. 시작하지 않았기 때문에 의욕이 생기지 않는 것이다. 이 깨달음은 내 인생을 송두리째 바꿨다.

이제 나는 시작하는 것이 힘들 때 어떻게 해야 하는지 잘 안다. 너무 하기 싫을수록 오히려 빨리 시작해 버리는 것이다. 그래서 수업 시간에도 강의실에 얼른 도착해서 교재를 먼저 읽고, 공부할 때도 책상을 정리하거나 화장실에 다녀오는 일 없이 바로 책을 펼쳤다. 해야 할 일이 있으면 공부를 마친 후에 해결했다. 이렇게 일단 시작하니, 하기 싫은 느낌이 서서히 사라지고 공부에 완전히 몰입할 수 있게 되어 할 일을 다 하고도 시간은 오히려 남아돌았다.

주위의 공부 잘하는 학생들을 자세히 관찰해 보자. 그들은 그야말로 시도 때도 없이 공부한다. 쉬는 시간에도, 점심을 먹고 나서도, 심지어 아직 자습 시간이 시작되지 않았을 때조차도 벌써 자리에 앉아 공부하고 있다! 이쯤 되면 그 대단한 원동력이 무엇인지 눈치챘을 것이다. 단지 그들은 '공부가 하기 싫다는 마음이 들기 전에 먼저 빨리 시작한 것'일 뿐이다.

가만히 생각해 보면 내가 이 글에서 언급했던 '시작이 반이다'라는 속담은 해결 방법을 제시하지 않은 반쪽짜리 속담이 아니었다. 풀어서 이해하자면 다음과 같은 뜻이었다.

'하기 싫은 일일수록 어서 빨리 시작하라! 그럼 눈 깜짝할 사이에 절반이나 이뤄져 있을 것이다!'

갑자기 생긴 일정은
단호히 거절한다

방학 내내 공부만 하는 사람은 거의 없다. 부모님과 여행을 다녀오기도 하고, 친구들과 놀기도 하며, 각종 캠프나 진로 체험 등 다양한 특별활동을 하기도 한다. 그렇다면 이런 것들은 해도 괜찮은 것일까?

여러분 중 일부는 내가 이런 활동을 반대할 것이라고, 방학 중에도 마치 수도승처럼 오로지 공부만 해야 한다고 생각할지 모르겠다. 하지만 나는 '그렇지 않다'라고 대답하고 싶다. 모두 해도 괜찮다. 여행을 다녀와도 좋고, 친구들과 놀아도 좋고, 다양한 특별활동을 해도 좋다. 심지어 컴퓨터게임을 원하는 만큼 해도 좋다. 애초에 이런 것들을 하라고 만들어 놓은 것이 방학 아니겠는가?

하지만 이 경우에도 지켜야 할 원칙이 있다. 모든 것은 반드시 방학 전에 여러분 스스로 미리 계획한 것이어야 한다. 1장에서도 잠시 언급한 내용이지만, 시간 관리에서 특히 중요한 원칙이므로 자세히 따로 설명하겠다.

놀더라도 반드시 '미리 계획한 시간'에만!

시간 관리를 잘한다는 것은 전혀 놀지 않고 오로지 공부만 한다는 의미가 아니다. 인간인 이상 그럴 수는 없다. 시간 관리란 놀더라도 자기가 미리 계획한 시간에만 노는 것을 의미한다. 공부하기로 계획한 시간에는 공부만 하는 것을 뜻하기도 한다. 바꿔 말하면 '맺고 끊는 것을 잘하는 것'이라 할 수 있다.

가령 도서관에 앉아서 공부를 열심히 하고 있다고 상상해 보자. 갑자기 스마트폰으로 친구의 톡이 온다.

"오늘 저녁에 별일 없어? 승재랑 준호랑 이따가 저녁에 버거킹 가기로 했는데 너도 올래?"

좋아하는 친구들과 맛있는 음식! 이 유혹을 대차게 거절할 수 있는 사람이 과연 몇이나 될까? 대부분은 살짝 고민하다가 거절하지 못하고 "응, 그래."라고 답할 것이다. 마침 공부가 지겨워지려던 참이라면 당연히 1초의 고민도 없이 자리에서 일어설 것이다.

만약 이와 같은 상황이 다시 온다면 나는 여러분이 정중하게, 그러나 조금은 단호하게 거절했으면 좋겠다. 마음이야 가고 싶겠지만, 지금 상황을 설명하고 다음에는 꼭 보자고 이야기하는 것이다.

그렇다고 친구와의 우정을 버리고 공부만 하라는 뜻은 절대로 아니다. 친구들과 주말에 '종일' 놀아도 괜찮다. 다만 이 일정은 어디까지나 방학 전에 '미리' 계획된 것이어야 한다. 그래야 노는 시간만큼 공부 분량을 적절히 조절할 수 있기 때문이다. 이런 경우가 아니라 갑자기 '이따가 저녁에 보자!' 혹은 '내일 놀러 갈래?'라는 식으로 새로운 일정이 불쑥 끼어든다면, 그것이 무엇이든 단호히 거절해야 한다. 미리 계획된 것이 아니기 때문이다. 시간 관리는 이렇게 해야 한다.

여기까지 읽다가 난감해하는 학생들도 있을 것이다. 이러다가 친한 친구들과 멀어질 수도 있다. 또 가족이 다 같이 함께해야 하는 일정인데 혼자서만 빠지기 힘들다는 이유도 있을 수 있다. 그런데도 나는 여러분이 조금은 독한 마음으로, '자신과의 원칙'을 지키려는 쪽에 무게를 뒀으면 좋겠다.

성적을 올리고 싶고 좋은 대학을 가고 싶다는 간절함으로 원칙을 세워 공부해 왔는데, 친한 친구라는 이유 혹은 가족이라는 이유로 내가 세운 원칙을 쉽게 깨 버린다면 어떻게 될까? 관계는 더 돈독해질 수 있겠지만, 나 자신과의 약속은 지키지 못한 셈이므로 원칙이 더 이상 원칙으로 있을 수 없다.

결과에 대한 책임은 결국 내가 짊어져야 한다. 다음 학기에 성적이 떨어진다거나 원하는 대학교에 갈 수 없게 되었을 때, 좌절과 실망을 겪어야 할 사람은 친구도 가족도 아닌 바로 '나 자신'이라는 걸 기억하자. 게다가 습관은 참으로 무서워서 이런저런 이유로 한 번 무너지기 시작하면 이후 두 번, 세 번은 너무나도 쉽게 무너진다. 아무리 일주일, 한 달, 일 년이 넘게 애써 왔어도 습관이 무너지는 데는 단 하루면 충분하다. 원칙도 마찬가지다. 애초부터 원칙을 깨지 말아야 하는 이유다.

항상 우선순위를 따져 보자

자신이 세운 원칙을 지킨다는 말은 단순히 시간 관리에 대한 조언에만 그치지 않는다. 내가 세운 원칙을 지킨다는 것은 결국 '나는 어떤 인생을 살고 싶은가? 그것을 이루기 위해 지금 나에게 가장 중요한 것이 무엇인가? 그래서 나는 무엇에 시간을 투자해야 하는가?'라는 질문으로 이어진다.

물론 공부만이 인생의 유일한 성공 비결은 아니다. 피겨 스케이

팅이나 축구, 랩에 재능이 있다면 공부하는 데 시간과 노력을 쏟기보다는 오히려 자신이 하늘로부터 부여받은 재능을 갈고닦아야 한다. 그래야 성공할 수 있다. 어쩌면 명문대를 졸업한 사람보다 훨씬 더 큰 부와 명예, 성취를 얻을 수도 있다. 만약 이런 경우라면 즉 자신에게 뛰어난 재능이 있다는 확신이 든다면 여러분은 공부가 아니라 재능을 꽃피우는 데 시간과 노력을 쏟아야 한다.

그러나 이런 경우가 아니라면, 다시 말해 자신에게 다른 특별한 재능은 없는 것 같다거나, 원하는 대학과 가고 싶은 학과가 분명히 있다거나, 혹은 구체적인 목표는 아직 없지만 공부를 잘해서 대학은 잘 가고 싶다면 지금 자신에게 가장 중요한 것이 무엇인지 깨달아야 한다. 그리고 반드시 이것을 우선순위에 놓아야 한다.

사람은 동시에 두 가지 일을 할 수 없다. 해야 하는 것과 하고 싶은 것이 충돌할 때 자신이 어떤 것을 선택할지 '미리' 결정해 두자. 그리고 다소 미련해 보일 만큼 원칙을 잘 지켜 나가자. 이렇게 하면 어떤 환경에 있더라도 여러분은 반드시 성공할 거라고 내가 약속할 수 있다.

다시 한번 말하지만, 방학 동안 친구들과 만나서 놀거나 게임을 많이 한다고 나쁜 건 아니다. 물론 다음 학기의 성적을 보장할 수는 없다. 그러나 애초에 그 정도 성적에 만족하기로 스스로 결정했다면 이걸 가지고 실패라고 말할 수는 없다. 최고의 노력을 기울여서 최선의 결과를 얻고 싶은 학생이 있는가 하면 평범한 노력을 기울여서 평범한 결과만 얻어도 만족하는 학생도 있기 마련이다. 어느 경우든지 자신이 원하는 것을 분명히 알고, 그에 맞춰 시간 관리를 한다면 괜찮다. 누구나 자기 인생의 주인이니까.

그런데 꿈이나 목표는 높은데도 그에 맞는 시간 관리를 하지 못하는 경우라면? 이건 괜찮지 않다. 공부는 잘하고 싶은데 우선순위를 거꾸로 결정하고 있다면? 이것 역시 괜찮지 않다. 그러니 자신의 목표가 무엇인지 다시 한번 생각해 봐야 한다. 그리고 새롭게 결심한 목표가 지금의 성적만으로 쉽게 달성할 수 없는 것이라면 갑자기 생기는 스케줄 정도는 단호히 거절해야만 한다.

07

구체적인
마감 시간을 정한다

    학기 중에 공부할 때는 분명한 '시작과 끝'이 있었다. 수업도 정해진 시간에 시작했고 쉬는 시간도 정해진 시간에 끝났다. 그래서 우리는 공부를 언제 시작하고 언제 끝낼지에 대해 크게 고민할 필요가 없었다. 그러나 방학 때는 이런 게 없다. 바로 이것이 방학 공부가 정말 어려운 이유다.

    나 같은 경우, 방학 동안 아무리 공부를 열심히 하려고 해도 '진도'가 잘 나가지 않을 때가 많았다. 시간이 많다고 생각해서 그런지, 아니면 시험이 한참 남았다는 생각 때문인지 공부가 느슨해지기 일쑤였다. 때로는 같은 페이지를 펼쳐 놓고 몇 시간이나 공상에 잠겨 있는 일도 많았다.

생각해 보면 이렇게 보내는 순간이 가장 아까운 시간이다. 차라리 밖에 나가 신나게 놀기라도 한다면 기분도 좋고 추억도 남을 것이다. 반대로 정말로 집중해서 공부한다면 실력이 쑥쑥 자랄 것이다. 그러나 이런 식으로 책만 펼쳐 놓고 느긋하게 멍때리고 있으면, 그야말로 소중한 시간만 낭비하여 이도 저도 아니게 되는 셈이다.

공부 마감 시간과 분량을 정하는 노하우

그렇다면 이제부터는 어떻게 해야 할까? 공부가 느슨해지는 것을 막으려면 구체적인 마감이 있어야 한다. 예컨대 1장에서 이야기한 대로 '식사 시간'을 공부 마감의 기준으로 삼을 수도 있다. '오후에는 수학', '저녁에는 사회' 같은 식이다. 그런데 '오후'는 상당히 긴 시간이다. 12시 30분부터 5시 30분까지 무려 5시간이나 된다. 그렇다면 이 시간 동안 계속 공부만 해야 할까? 물론 아니다. 중간에 쉬기도 해야 한다. 그럼 몇 시간 공부하고 몇 시간 쉬어야 하는가? 그리고 한 번 공부할 때 어느 정도 진도를 나가야 하는가? 이 질문에 대한 대답이 내가 지금부터 이야기할 내용이다.

결론부터 말하면, 같은 과목을 공부하는 동안에는 세부적인 공부 시간이나 쉬는 시간은 그때그때 바꿔도 된다. 쉬는 시간은 15분을 넘지 않는 것이 좋으나 세부적인 공부 시간은 기준이 딱히 없다. 공부하는 과목에 따라, 보고 있는 교재의 난이도에 따라 필요한 시간도 달라지기 때문이다.

예컨대 수학 문제집을 한 번에 두 장씩 공부하기로 계획했다고 치자. 그러니까 두 장 공부하고 쉬고, 또 두 장 공부하고 쉬는 식으로 말이다. 그런데 어떤 페이지는 쉬워서 금세 끝날 수도 있고 어떤 페이지는 어려워서 오래 걸릴 수도 있다. '한 호흡의 공부 시간'이 상황에 따라 달라지는 것이다. 따라서 점심을 먹고 나면 오후에 수학 문제집을 몇 분 공부하고 몇 분 쉴지 대략적으로나마 나눠야 한다. 즉 '구체적인 마감 시간'과 그 시간 내에 끝내야 할 '구체적인 공부 분량'을 미리 계획하는 것이다. 예를 들자면 다음과 같은 식이다.

12:30 ~ 13:30 (60분) …… 수학 문제집 1단원

14:00 ~ 15:30 (90분) …… 수학 문제집 2단원

16:00 ~ 17:30 (90분) …… 수학 문제집 3단원, 4단원

위의 계획을 보면 공부 시간도 제각각이고 공부 분량도 제각각이다. 어떤 단원은 60분 만에 끝나기도 하고, 어떤 단원은 90분 동

안 하기도 한다. 한 단원만 공부하고서 쉬기도 하고, 두 단원을 연속으로 보기도 한다. 순전히 내 마음대로(그러나 실천이 가능하도록) 계획하면 되는 것이다.

마저 끝내야 하는 경우 VS 과감히 멈춰야 하는 경우

진짜 중요한 것은 다음부터다. 이 계획은 그야말로 대충 잡은 것이므로 실제로는 계획과 다르게 흘러갈 가능성이 크다. 이때는 어떻게 해야 할까?

만약 1시 30분까지 1단원을 다 풀기로 계획했는데 다 못 끝냈다면 어떻게 해야 할까? 그때는 쉬는 시간을 뒤로 미뤄서라도 마저 끝내는 것이 좋다. 그 이유는 공부에 관성이 있기 때문이다. 이미 하던 공부를 좀 더 하는 것은 어렵지 않다. 그러나 쉬는 시간을 가진 후 다시 공부하려면 마음 잡는 것이 어렵다. 따라서 하던 공부를 마저 끝내고 쉬는 편이 낫다. 그래야 쉴 때 마음이 편하기도 하다. 즉, 같은 과목을 공부하는 시간대 안에서 각각 세부적인 공부 시간과 쉬는 시간은 그때그때의 상황에 따라 조금씩 바꿔도 좋다는 말이다.

문제는 오후가 끝났을 때다. 계획대로라면 오후의 수학 공부는 5시 30분까지고 목표는 4단원까지였다. 그 후에는 저녁 식사를 해야 한다. 그런데 만약 아직 3단원까지밖에 못 했다면 어떻게 해야 할까? 이때도 공부 시간을 유동적으로 조절해서 못 끝낸 나머지 단원을 저녁으로 미뤄야 할까? 정답은 '그래서는 안 된다'이다. 왜냐면 저녁에는 이미 계획된 다른 과목의 공부가 있기 때문이다. 오후에 다 못 했다고 저녁으로 미루게 되면 결국 하루의 전체적인 시간 관리가 무너지게 된다. 따라서 공부할 과목이 바뀌는 경우에는 미처 다 못 끝낸 부분은 그대로 마감해야 한다.

그럼 다 못 한 공부는 언제 하는가? 내일 같은 시간대에 하든가 주말에 노는 것을 포기하고 보충해야 한다. 만약 그러기 싫다면, 특히 주말에 노는 시간을 뺏기는 것이 너무 싫다면, 그 각오로 오후에 더 집중해서 열심히 공부하자. 그리고 앞으로의 계획은 오늘 실패한 원인을 참고하여 좀 더 수월하게 바꿔야 한다.

지금까지 이야기한 것은 '시간 관리의 안전벨트'와 같은 시스템이다. 오후에 실패를 맛보더라도 이것이 저녁까지 영향을 미치지 않게 하는 것이다. 이렇게 하면 마음가짐도 달라진다. 이걸 오후 안으로 다 못 끝낼 경우 주말에 보충해야 한다는 생각으로 공부를 하면 긴장감이 생겨 공부가 더 잘된다. 이것은 학기 중에도 적용할 수 있는 원칙이지만, 공부가 느슨해지기 쉬운 방학 때 특히 더 중요한 원칙이니 꼭 기억하고 실천하길 바란다.

·100% 성공 루틴·

08

단 30분이라도
공부할 수 있다면, 한다!

───────

질문을 하나 하겠다. 만약 여러분이 방학 동안 매일 도서관에서 밤 10시까지 공부하기로 계획했다고 하자. 그런데 오늘은 공부 외에 다른 일정이 있는 날이다. 노는 건 아니고, 가족 모두와 함께 할머니 댁에 다녀와야 한다.

할머니 댁에 갔다가 집에 돌아오니 이미 저녁 8시가 넘었다. 오늘 하루가 거의 끝난 것이다. 자, 여러분이라면 이 상황에서 어떻게 할 것인가?

"아직 잠들기에는 이른 시간이니까 자기 전까지 집에서 조금이라도 공부를 해야지!"

이렇게 흔쾌히 대답이 나왔다면 매우 칭찬하고 싶다. 아직 하루가 조금 남았으니, 잠깐이라도 더 공부하겠다는 그 각오와 자세에 박수를 보낸다.

그러나 나는 여기에 하나를 더 보태고자 한다. 바로 '지금이라도 도서관에 가는 것'이다. 도서관이든 독서실이든 상관없다. 집이 아닌 평소 내가 공부하던 공간에 가서 단 30분 만이라도 공부하고 돌아오라는 것이다. 어떤 학생들은 가는 시간과 오는 시간을 생각하면 너무 비효율적인 방법이 아니냐며 반문할지도 모르겠다. 어차피 지금 도서관에 가 봐야 밤 9시에나 도착할 거고, 공부는 1시간밖에 하지 못하고 다시 집으로 돌아와야 하니 말이다. 달랑 1시간을 공부하자고 길거리에서 왔다 갔다 2시간을 허비하라는 말인가?

그렇다. 그렇게 하라는 말이다. 너무하다 싶겠지만 왜 그렇게까지 해야 하는지 내 말의 진정한 의미를 깨닫는다면, 여러분은 이미 시간 관리의 원칙을 모두 깨달은 것이다.

공부를 대하는 마음가짐의 차이가 성적의 차이를 만든다

이 책의 2장에서 지금까지 살펴본 원칙들을 다시 떠올려 보자. 일단 여러분이 집에서도 공부가 잘되는 특별한 3퍼센트가 아닌 이상, 집에서 공부하기는 힘들다고 이야기했다. 하루 내내든 한 시간이든 잠깐이든 마찬가지다. '도서관에 가면 이동 시간이 너무 걸리니까 그냥 오늘은 집에서 할까?'라는 마음을 애초에 먹지도 말아야 한다. 지금이 몇 시든 상관없이, 모든 공부는 도서관이든 독서실이든 집 밖에서 하는 것이 가장 좋다.

이렇게 얘기하면 "샘, 근데 지금 도서관에 가 봤자 어차피 30분 정도밖에 공부하지 못할 텐데 굳이 의미가 있을까요?" 하고 묻는 학생들도 있을 것이다. 하지만 내 대답은 "당연히 의미가 있지. 그것도 아주 결정적인 의미가 있단다."이다.

이 책의 첫 부분에서 말한 것을 기억하는가? 성적보다 중요한 것은 인성이며, 인성 중에서도 특히 중요한 것이 '성실함'이라는 바로 그 문장 말이다. 그리고 성실함이란 점수와 같은 '결과'에 집착하지 않고 '과정'에서 최선을 다하는 것을 의미한다. 이런 자세로 인생을 살면 원하는 것들이 저절로 따라오게 될 거라고 이야기했다.

바로 지금이 자신의 성실함을 테스트하고 스스로 증명하는 순간이다. '어차피 공부를 조금밖에 못 하니까 가 봤자 별로 의미가 없다'라는 마음은 과정보다 결과를 더 중요하게 여기는 자세다. 그러나 성실한 학생은 같은 상황에서도 반대로 생각한다.

'지금 도서관에 가면 적어도 30분은 공부할 수 있는데 왜 가지

말아야 해?'

차이점이 느껴지는가? 이런 마음가짐의 차이가 성적의 차이를 만들고 더 나아가서는 인생의 차이를 만드는 것이다. 다시 말하지만, 시간 관리를 잘한다는 것은 그저 공부를 많이 하는 것을 의미하지 않는다. 그보다는 주어진 시간 동안 자신이 할 수 있는 만큼 성실히 하는 것을 의미한다. 주어진 시간이 10시간이든 30분이든 중요하지 않다. 조금이라도 할 수 있는 시간이 있다면 망설이지 않고 즉시 시작한다. 이것이 진정한 성실함이다.

망설이는 동안 머릿속에 떠오르는 생각들은 모두 무시하자. 인간의 머리는 핑곗거리를 생각하는 것에 관해서는 가히 천재적이다. 지금 도서관에 가는 것이 왜 비효율적인지 순식간에 다섯 가지도 넘는 이유를 떠올릴 수 있다. '지금 가 봤자 어차피 별로 못 한다'라는 건 그중에서도 가장 설득력 있는 이유일 것이다. 그러나 여러분은 머릿속 변연계가 속삭이는 핑계에 귀를 기울이지 말고 원칙을 지켜야 한다. 애초에 밤 10시까지 도서관에 있기로 계획한 것은 바로 여러분 자신이다.

오늘 하지 못하면 결국 내일도 못 한다

인간은 누구나 실수를 한다. 꼭 실수가 아니어도 우리의 삶에는 다양한 변수가 생길 수밖에 없다. 그러니 '반드시 매일 ○시간 이상 공부하자!'라는 목표는 애초에 인간의 속성을 전혀 고려하지 않은 것이기 때문에 달성이 힘들다. 따라서 나는 '실패에 대비한 시스템'을 만들기를 제안한다. 나의 하루가 계획대로 되지 않을 수도 있음을 인정하고, 이런 상황이 발생했을 때 어떻게 대처할지에 대한 시스템을 미리 만들어야 한다는 것이다. 이것이 인간의 심리적 본능에 맞는 효율적인 방법이다.

어차피 지금 공부를 시작해 봐야 조금밖에 못 하니까 그냥 내일 열심히 공부하면 된다고? 그러면 내일도 제대로 하지 못할 것이다. 왜냐하면 오늘 놀았던 여파가 내일까지 영향을 미칠 것이기 때문이다. 대부분의 경우 오늘 놀았던 기억이 내일까지 남아서 계획한 공부도 제대로 시작하지 못하게 된다.

따라서 이 흐름 자체를 끊어야 한다. 그렇기에 오늘 하루가 단 30분밖에 남지 않았더라도 일단 도서관이든 독서실이든 집 밖으로 나가라고 하는 것이다. 꼭 실천해 보자. 인생이 완전히 달라질 것이다. 집 밖으로 나가서 조금이라도 공부를 하면 마음가짐부터 완전히 새롭게 바뀐다.

"이걸 오늘 다 해야 했는데 못 했네. 일단 지금 한 페이지라도 보고, 내일 빨리 시작해서 다 끝내야겠다."

이런 식으로 내가 해야 할 공부에 대해서 다시 계획이 그려지고 새롭게 각오가 생기면, 그야말로 생활이 '공부 모드'로 완전히 바뀌는 것이다. 그러면 내일 아침에 제시간에 일어날 확률도 높아지기도 쉽고, 엉클어진 시간 관리가 다시 정상으로 돌아오기도 쉽다.

2장에서 나는 시간 관리에 대해서 이야기했다. 내가 말한 시간 관리는, 매일 꾸준히 실천하지 않으면 달성하기 어려운 불가능한 목표를 제시하고 무조건 열심히 달려야만 성공한다는 방식이 아니다. 오히려 인간인 이상 실패 없이 꾸준하게 뭔가를 하는 것은 불가능하다는 사실을 미리 염두하고 여기에 맞는 대비책을 세우는 것이다. 따라서 '매일 도서관에 가서 아침 8시부터 밤 10시까지 무조건 공부해야지!'라고 다짐하는 것보다는 '설령 밤 9시에 가게 되더라도 예정된 10시까지는 있다가 와야지!'라고 다짐하는 편이 훨씬 현명하다.

PART 2

최고의 방학을 위한
3회독 공부법

이해력과 암기력 그리고 사고력!
방학에는 '공부 3력'을 키워라!

지금까지는 방학의 '전체적인 계획'과 '시간 관리'에 대해서 살펴봤다. 방학에는 무엇을 공부해야 하는지, 자기도 모르게 게을러지는 상황은 어떻게 막을 수 있는지 등에 대해서도 알아봤다. 방학에는 '무엇을' '언제' 공부해야 하는가에 대한 조언이라 할 수 있다.

그런데 사실, 이것 못지않게 중요한 질문이 하나 더 있다. 바로 '어떻게 공부해야 하는가?'이다. 똑같은 시간을 공부하더라도 좀 더 효율적인 방법으로 공부하는 사람이라면 결과도 다를 수밖에 없다. 게다가 이 효율적인 방법이, 지난 학기에 드러난 자신의 약점을 보완해주는 '맞춤형 처방'이라면 다음 학기의 결과는 더욱 드라마틱하게 달라질 것이다.

어떻게 하면 효율적으로 공부할 수 있을까? 방학의 가장 중요한 특징을 떠올려 보면 그 방법을 쉽게 짐작할 수 있다. 바로 방학에는 시험이 없다는 사실이다. 방학에는 시험 직전의 단순 암기식 벼락치기 공부가 아니라 시간을 들여 개념을 깊이 있게 이해하는, '제대로 된 공부'를 하는 것이 좋다. 이것이 방학 동안 해야 하는 공부의 기본 방향이다.

아무래도 학기 중에는 중간고사와 기말고사가 눈앞에 있기에 시간에 쫓기는 공부가 되기 쉽다. 수업 내용을 복습하기도 벅차고 숙제도 끝이 없다. 해야 할 공부가 많다 보니 시간을 소모하고 깊이 있는 공부를 할 시간이 모자란다. 그래서 잘 모르는 문제를 곰곰이 생각하지 않는다. 해설을 보고 그냥 넘어가기도 하고, 다양한 문제를 풀기보다 몇 개만 골라서 풀기도 하며, 깊이 있게 이해하기보다 그냥 외워 버리고 넘어가는 경우도 많다.

이런 식으로만 공부하면 쉽고 단순한 문제는 잘 맞힐지 모른다. 그러나 여러 가지 개념을 복합적으로 묻는 문제는 맞히기가 힘들다. 게다가 창의적인 아이디어를 떠올려야 하는 문제, 즉 사고력이나 응용력을 측정하는 어려운 문제는 그냥 손 놓고 틀릴 수밖에 없다. 따라서 점수도 절대 일정 수준 이상 올라가지 않는다.

'공부 3력'을 키우는 '3회독 공부법'

이 모든 것을 방학 동안 완전히 바꿀 수 있다. 시험이 급하지 않으니까 시간을 들여서 제대로 이해할 수 있다. 디테일한 부분까지 암기할 수 있다. 어려운 개념도 곰곰이 생각해서 완전히 내 것으로 만들 수 있다. 즉 방학에는 ①깊은 이해, ②완벽한 암기, ③창의적인 사고 모두가 더 수월한 것이다.

이 세 가지 능력, 그러니까 이해력과 암기력과 사고력을 나는 '공부 3력'이라고 부른다. 공부의 기본적인 바탕이자 가장 중요한 능력이다. 시험이라는 것도 결국은 이 세 가지 능력을 측정하는 과정일 뿐이다. 그러니 방학 때 이 세 가지 능력을 얼마나 충실히 길렀는지에 따라 다음 학기의 시험 점수가 좌우될 수밖에 없다.

그렇다면 이 세 가지 능력은 어떻게 길러야 하는 걸까? 내가 추천하는 것은 '3회독 공부법'이다. 3회독 공부법은 말 그대로 어떤 교재를 세 번씩 반복하는 공부법이다. 중요한 점은 여러 교재를 그저 세 번씩만 보면 되는 게 아니라, 한 교재를 세 번 반복하고 그다음에 다른 교재로 넘어가야 한다는 점이다. 예컨대 시험 전까지 풀어야 할 수학 문제집이 A와 B가 있다고 하면, A → B → A → B → A → B 이런 식으로 보는 것이 아니라 A → A → A → B → B → B 이런 식으로 봐야 한다는 것이다.

이렇게 해야 하는 이유는 무엇일까? 같은 교재를 세 번씩 반복하면 우리 머릿속에서 이해력 → 암기력 → 사고력이라는 세 가지 능력이 차례대로 길러지기 때문이다.

3회독을 할 때는 무엇에 중점을 둬야 할까?

1회독, 즉 처음 교재를 읽을 때는 내용을 이해하는 데 중점을 둬야 한다. 이때는 외워야 할 수학 공식이나 '갑오개혁은 1894년이다'라는 식의 구체적인 지식이 나와도 굳이 암기하지 않는다. 만약 공식을 적용해야 하는 문제가 있다면 책을 뒤적여 공식을 찾아보면서 푼다. 이유는 효율성 때문이다.

누구라도 교재를 처음 볼 때는 어떤 부분이 중요한지 아직 잘 모른다. 이때 모든 것을 암기하려고 하면 시간과 노력을 필요 이상으로 소모할 수밖에 없다. 공부는 단번에 완벽하게 마스터하는 것이 아니라, 유화를 그리듯 여러 번 덧칠하는 과정이다. 어차피 교재를 여러 번 볼 것이므로 처음부터 힘을 뺄 필요가 없다는 의미다. 1회독에서는 일단 '이해'만 된다면 바로바로 다음 페이지로 넘긴다.

2회독, 즉 두 번째로 교재를 볼 때 비로소 암기를 시작한다. 이 단계에는 교재에서 다루는 내용에서 대략적이나마 흐름이 보이기 시작한다. 따라서 무엇을 외워야 하는지도 눈에 쉽게 들어온다. 게다가 1회독에서 읽었던 많은 내용이 나도 모르게 이미 머릿속에 들어와 있기도 할 것이다. 따라서 2회독에서 외워야 할 것들은 이미 많이 줄어든 상태니 암기도 효율적일 수밖에 없다. 이때 암기를 통해서 머릿속에 많은 정보를 넣어 두면, 이제 다음 단계인 사고 중심의 공부를 할 준비가 될 것이다.

　3회독, 즉 세 번째로 교재를 볼 때는 '사고'에 중점을 둔다. 쉽게 말해 모르는 것에 대해 고민하는 시간을 늘리는 것이다. 예컨대 모르는 문제가 나오면 해설을 보지 않고, 오랫동안 스스로 생각해 본다. 만약 그래도 이해가 잘 안 되는 개념이 남아 있다면 다른 교재를 살피거나 인터넷 등을 뒤적여서라도 확실하게 정복한다. 이런 방식으로 공부하면 사고력이 증가하고 어려운 문제도 맞힐 수 있는 실력이 완성된다.

　만약 이 순서를 어기면 어떻게 될까? 예컨대 1회독을 할 때 사고 중심의 공부를 한다면? 그런 경우, 교재의 내용을 아직 잘 모르는데 하나하나 골똘히 생각하자니 조금만 공부해도 쉽게 지쳐 버린다. 게다가 진도가 계속 느려지니 공부를 계속할 재미도 없어지고 자신감도 낮아진다. 공부의 순서를 어겼기 때문에 찾아오는 부작용이다.
　다시 한번 말하지만 공부는 '이해 → 암기 → 사고'의 순서대로 하는 것이 가장 효과적이다. 모든 교재를 세 번씩 보되 1회독에서는 이해에 중점을 두고, 2회독에서는 암기에 중점을 두며, 3회독에서는 사고에 중점을 두라. 이것이 실력도 가장 빨리 성장하고 시험에서도 좋은 결과를 거둘 수 있는 최고의 방법이다.
　그렇다면 3회독이 모두 '방학 동안' 이뤄져야 하는가? 꼭 그렇지는 않다. 시험 직전까지만 끝내면 된다. 예컨대 겨울 방학에는 1회독을 하고, 새 학기가 시작된 3월에 2회독을 하고, 중간고사를 앞둔 4월에 3회독을 할 수도 있다. 다만 이렇게 하면 한 가지 단점이 있다. 시험 전까지 볼 수 있는 교재가 단 한 권밖에 없다는 사실이다. 왜냐면 3회독 공부법은 한 교재를 세 번 반복하고 나서야 다른 교재로 넘어가는 방식이기 때문이다.

각 과목별로 한 권의 교재만 보는 것은 초등학교 때까지는 통할지 모르나 중학교 이상부터는 좋은 점수를 얻기 힘든 방법이다. 공부 분량도 충분하지 않다. 시험 직전까지 각 과목별로 적어도 두 권 이상의 교재를 보고, 적어도 그중 한 권은 방학 때 3회독을 끝내는 것이 가장 좋은 시나리오다.

물론 모든 과목을 두 권 이상의 교재로 공부할 수는 없을 것이다. 예체능과 같은 과목은 교과서 한 권만으로, 그리고 학기 중의 공부만으로 시험을 치는 게 나을 것이다. 그러나 영어나 수학 또는 평소 자신 없는 특정 과목은 방학 때 교재 한 권을 골라서 미리 3회독을 해 두자. 그러면 이 과목은 반드시 정복할 수 있다.

이제부터 방학 동안 공부 3력을 높이는 3회독 공부법의 구체적인 방법들에 대해 살펴보자.

3장

공부 3력 중
'이해력'을
높이는 방법

산을 들어내려는 사람도 일단 눈앞의
작은 돌을 옮기는 일부터 시작한다.

공자

1회독에서는
이해 중심으로 공부하라!

혹시 집에서 끓이는 라면보다 밖에서 사 먹는 라면이 더 맛있다고 느껴 본 적이 없는가? 똑같은 종류의 라면에 같은 재료들을 넣었는데도 왠지 맛이 다르게 느껴진다. 이유는 바로 '불의 세기'에서 차이가 나기 때문이다. 집에서 끓일 때는 아무래도 식당보다 불이 약하다. 그래서 면이 제대로 익지 않거나 너무 오래 끓여 면이 쉽게 불어 버린다. 그러나 식당에서 센 불로 팔팔 끓이면 면이 불지도 않으면서 충분히 익어 훨씬 맛있다.

내가 라면 이야기로 글을 시작한 이유가 있다. 공부라는 것이 마치 라면을 끓이는 것과 같기 때문이다. 물을 끓이는 것은 1회독에서 개념을 차분하게 이해하는 것과 같다. 머리를 달구고 지식을 넣을 준비를 하는 것이다. 면과 스프를 냄비에 넣는 것은 2회독에서 암기를 하는 것과 같다. 시험에서 확인하고자 하는 핵심 지식을 본격적으로 머리에 넣는 과정이다.

마지막으로 취향에 따라 달걀이나 파, 또는 만두며 치즈며 햄 등을 넣는 것은 평범한 인스턴트 음식을 '요리'로 바꾸는 하이라이트인데, 이것은 3회독에서 사고력으로 실력을 완성하는 것과 같다.

3회독 중 가장 중요한 단계는 1회독이다

그렇다면 3회독 공부법의 세 단계 중에서도 가장 중요한 단계는 무엇일까? 바로 첫 단계, 1회독이다. 물이 충분히 보글보글 끓어야 그 뒤에 넣는 면이 맛있게 익듯이 이해가 충분히 된 후에야 암기나 사고도 쉽게 이뤄진다.

혹시 편의점에서 컵라면을 사 먹을 때 '미지근한 물'을 부어 본 적이 있는가? 면이 제대로 익지 않아 거의 생라면에 가까운 맛이 난다. 많은 학생이 공부를 이런 식으로 한다. 충분히 끓이지도 않은 물에 면과 스프를 넣듯 충분히 이해도 되지 않은 상태에서 곧바로 암기에 들어가거나 문제를 푼다. 그래 봤자 암기도 제대로 되지 않고, 문제를 아무리 많이 풀어도 실력이 늘지 않는다.

공부의 시작은 충분히 이해하는 것이다. 그래서 1회독이 가장 중요한 단계다. 이해가 충분히 되면 암기할 것도 크게 줄어들고, 문제를 풀어도 틀리는 것이 별로 없기에 공부 시간도 훨씬 단축할 수 있다. 나중에 어려운 문제를 풀 때도 쉽게 응용할 수 있어 상대적으로 조금만 공부해도 빠르게 고득점을 받는 실력에 이른다.

그렇다면 어떻게 해야 제대로 이해하는 공부를 할 수 있을까? 그 출발은 바로 '적절한 기본서'를 선택하는 것이다. 우리는 이제 과목별로 기본서를 하나 선택해서 방학 동안 세 번 반복할 것이다. 모든 과목이 아니라, 이번 방학에 집중할 몇 과목만 정해서 말이다. 그러니 일단은 기본서에 대해 알아보자.

기본서를 읽을 때
꼭 알아 둬야 할 원칙

어떤 과목이든 공부의 첫 시작은 '기본서'를 읽어 나가는 것이다. 기본서란 그 과목의 기본적인 개념을 이해하기 위해서 보는 '설명이 쉽고 자세한 교재'를 의미한다. 기본서로 선택하기 위해서는 세 가지 조건이 필요하다. ①문제보다는 개념 설명이 많을 것, ②도표나 그림 등의 시각 자료가 풍부하게 수록되어 있을 것, ③개념 설명이 '요약 형식'으로 정리된 것이 아니라 '문장 형태'의 서술로 되어 있을 것. 이 세 가지 조건에 해당해야 혼자 공부할 때도 이해하기 어렵지 않은 적절한 기본서라 할 수 있다.

한 가지 주의할 점은 기본서는 각 과목별로 단 한 권만 사야 한다는 사실이다. 문제집이야 여러 권을 풀수록 풀이 감각이 길러져서 더 좋지만, 기본서는 딱 한 권만 골라서 이걸 반복해야 한다. 그래야 교재의 내용이 머릿속에 정확하게 저장된다. 이 책 저 책을 보다 보면 오히려 머리만 혼란스러워지고 기억에 잘 남지도 않는다. 기본서는 각 과목별로 딱 한 권만 선택하고 그 한 권으로 끝까지 간다고 생각하자.

내신과 수능 공략을 위한 과목별 교재 선택법

그렇다면 각 과목에 따라 어떤 교재를 기본서로 선택하는 것이 좋을까? 먼저 내신부터 살펴보자.

국어와 영어는, 중학교든 고등학교든 학년이나 실력에 상관없이 '자습서'를 추천한다. 왜냐면 내신에서 국어·영어는 교과서 위주로 수업을 나가기 때문이다. 내신시험도 교과서의 지문으로 문제를 만드는 경우가 많다. 따라서 교과서 지문에 대한 설명이 상세한 자습서만큼 좋은 기본서는 없다. 학교에서 채택한 교과서에 맞는 자습서를 고르면 될 것이다.

수학의 경우, 중학생은 '교과서'를 기본서로 삼아 공부하면 된다. 만약 실력이 부족하다고 느껴진다면 교과서 대신 '자습서'로 공부한다. 많은 중학생이 교과서 문제는 제대로 풀지도 않고 여러 가지 잡다한 문제집으로 먼저 공부하는데, 그러면 실력이 길러지지 않는다. 시중의 다양한 문제집은 교과서나 자습서를 다 보고 난 후에 연습용으로 푸는 것이 좋다.

반면 고등학생이라면 수학 교과서만으로는 부족하다. 따라서 『개념원리』든 『수학의 정석』이든 한 권을 골라 기본서로 삼는다. 유형별 문제집, 예컨대 『쎈 수학』이나 『RPM』 등의 문제집을 공부하는 것은 기본서 공부가 끝난 뒤에 해야 한다.

방학 때 학교 보충수업에서 다음 학기 선행을 나가는 경우가 있다. 이때 선생님은 대부분 정석과 같은 두꺼운 기본서가 아닌 『개념 플러스 유형』처럼 다소 얇은 문제집으로 수업을 진행할 것이다. 하지만 이 교재는 수업을 빠르게 나가기 위해서 편의상 채택한 것이지, 기본서로 적절하진 않다. 따라서 자기 스스로 적당한 기본서를 선택한 다음 학교 진도와 병행해야 한다. 이 부분은 1장에서도 언급했지만 지금 기본서에 관한 내용을 다루면서 다시 한번 강조한다.

사회와 과학의 경우, '교과서'나 '자습서'를 기본서로 고집할 필요는 없다. 왜냐면 사회와 과학은 출판사별로 교과서가 달라도 중요한 내용은 거의 동일하기 때문이다. 따라서 디자인이 예쁘고 편집이 마음에 드는 기본서가 있다면 그것을 보면 된다.

　이제 수능의 경우를 살펴보자. 일단 수학·사회·과학의 기본서
는 앞에서 말한 것과 같다. 내신 공부를 할 때 보던 기본서가 그
대로 수능 공부의 기본서 역할도 한다. 따라서 고2까지는 기본서
를 충실히 보면 된다. 어차피 수능 문제는 고3이 되면 풀게 된다.
'EBS 시리즈'나 '기출문제 모음집' 또는 각 출판사별 'Final 모의고
사' 등으로 수능 스타일의 문제 풀이 연습을 많이 하게 될 것이다.
　한편 수능에서 국어와 영어의 경우에는 기본서가 딱히 없다. 수
능 국어나 영어의 문제 스타일이 특별한 암기를 요구하는 것이 아
니기 때문이다. 그보다는 지문에 대한 정확한 독해력과 객관적인
판단력이 중요하다. 이것은 기본서를 반복하면서 길러지는 게 아
니라 다양한 문제를 풀면서 길러지는 것이다. 따라서 수능 국어와
영어는 수능 스타일의 문제집들이 그대로 수능 대비 기본서가 된
다고 할 수 있다.

기본서를 공부할 때 반드시 지켜야 할 원칙

　이제부터는 기본서를 공부할 때 가장 중요한 원칙들을 이야기하
려고 한다. 매우 중요한 원칙들이므로 기본서를 공부할 때 반드시

실천해야 한다.

첫째, 1회독에서는 '모든 내용을 하나도 빠트리지 않고 완벽하게' 이해해야 한다. 그야말로 모든 내용, 심지어는 도표나 그림까지도 이해해야 한다. 구석에 있는 삽화까지도 이것이 의미하는 게 뭔지 이해해야 한다. 예를 들어 보자. 수학에서 '로그' 단원의 첫 장을 보니 삽화가 하나 있다. 어떤 학생이 덩치 큰 친구를 보며 이렇게 말하는 장면이다.

"네 몸무게는 아무래도 로그로 계산해야겠어!"

이런 삽화는 단지 학생들에게 재미를 주기 위해서 넣은 것만은 아니다. 해당 단원에서 배우는 주요 핵심 개념과 반드시 연관이 있다. 따라서 삽화에 나오는 장면과 대사의 숨은 의미를 찾아내고 이해해야만 한다. 아직 이 단원의 내용을 배우기 전이라서 곧바로 이해가 되지 않는다면, 이 단원을 모두 끝내고 다시 생각해 보자. 그 정도로 기본서에 있는 모든 것들, 심지어 이것이 작은 삽화일지라도 반드시 그 의미를 '이해'해야 한다.

이해가 끝나야 그다음 단계인 암기와 사고가 제대로 되기 때문에 절대로 이 과정을 소홀히 해서는 안 된다. 만약 시간이 부족하다면 차라리 진도를 천천히 나가더라도 이해를 완벽하게 하는 것에 더 집중하자. 기본서는 설명이 쉽고 풍부해야 하는 이유가 바로 여기에 있다.

둘째, 1회독에서는 '왜?'라는 질문이 굳이 필요하지 않다. 이 말이 다소 의아하게 들릴지도 모르겠다. 우리는 지금까지 '모르는 건 꼭 질문을 던져라!' 하는 식의 조언에 익숙했기 때문이다. 이 조언이 틀린 말은 아니지만, 이 순간에는 예외다. 기본서를 처음 읽을 때 '왜?'라는 질문을 일일이 던지면 진도를 나가는 것이 한도 끝도 없이 느려진다. 게다가 대부분의 '왜?'라는 질문은 다음번에 교재를 읽을 때 저절로 해결되는 경우가 많다.

예컨대 국사 교과서에서 동학운동에 관한 내용을 보다가 '동학운동은 훗날 청일전쟁의 원인이 되었다'라는 문장을 읽었다고 치자. 이해를 완벽하게 하라는 것은 말 그대로 이 문장이 무슨 뜻인지 알아야 한다는 소리다. 1회독에서는 그것만으로 충분하다. 그런데 어떤 학생은 '왜 동학운동이 청일전쟁의 원인이 되었을까?'라고 질문하고 싶을 수도 있다. 그런데 그 대답을 지금 찾기는 어렵다. 아직 청일전쟁을 배우지 않았기 때문이다. 하지만 계속 읽다 보면 청일전쟁 부분이 나올 것이고, 그때 이 질문의 대답을 알 수 있다. 그러므로 '왜?'라는 질문을 해결하는 가장 좋은 방법은 일단은 그냥 넘어가고 나중에 교재를 또다시 반복해 읽는 것이다. 그러면 처음에 생겼던 질문의 99퍼센트는 자연히 해결된다.

셋째, 1회독에서는 '단권화'하지 않는다. 단권화라는 것은 자신이 자주 보는 A교재에 없는 내용이 B교재에는 있을 경우, 그 내용을 A교재에 옮겨 적는 것을 의미한다. 그러면 나중에 A교재만 보더라도 B교재까지 함께 보는 효과가 있다. 이것은 시험 대비 마무리용으로는 좋은 방법이지만, 기본서를 처음 읽을 때는 하지 않는 것이 좋다.

A교재에는 없고 B교재에만 있는 내용이 과연 중요할까? 그렇지 않을 가능성이 클 것이다. 아무래도 지엽적인 지식일 가능성이 높다. 그런 만큼 시험 출제 가능성도 낮을 것이다. 이런 내용들은 ①시험 직전일 때, ②평소에 98점이 나오는 학생이 이번에는 꼭 100점을 맞고 싶을 때, ③시간이 남아돌 때나 사용하는 방법이다. 따라서 기본서를 처음 읽을 때는 단권화를 하지 않는다. 이때는 단지 '내가 최상위권이 되기 위한 모든 지식은 이미 이 책에 충분히 담겨 있다'는 믿음으로 이해만 하면서 읽어 나가면 된다.

이해가 잘 안 되면
'맥락효과'를 이용한다

만약 기본서를 읽어 나갈 때 이해가 도무지 안 되는 부분이 있다면 어떻게 해결해야 할까? 이제부터 다룰 내용이 바로 그 해결책이다. 가장 먼저 이야기할 것은 '맥락효과'를 이용한 방법이다.

솔로몬 아시(Solomon Asch)라는 심리학자가 재미있는 실험을 했다. 그는 두 그룹의 실험 참가자들을 모아 놓고 "지금부터 어떤 사람의 특징을 알려 주겠다."라고 말했다. 첫 번째 그룹의 참가자들에게 보여 준 것은 '지적인·부지런한·충동적인·비판적인·고집 센·시기심 강한'이라는 단어들이었다. 두 번째 그룹의 참가자들에게 보여 준 것은 '시기심 강한·고집 센·비판적인·충동적인·부지런한·지적인'이라는 단어들이었다. 눈치챘겠지만 두 그룹에 제시한 단어들은 동일하다. 다만 첫 번째 그룹은 '긍정적인 단어'가 먼저 나와 있었고, 두 번째 그룹은 '부정적인 단어'가 먼저 나와 있었다.

그 후 두 그룹의 참가자들에게 그 사람에 대해 느낀 인상을 설명해 보도록 했다. 그랬더니 첫 번째 그룹의 참가자들은 대부분 긍정적인 인상을 이야기했다. 반면에 두 번째 그룹의 참가자들은 부정적인 인상을 더 많이 이야기했다.

이 실험이 말해 주는 교훈은 이것이다. 인간은 똑같은 것을 받아들일 때도 먼저 입력된 정보를 기준으로 판단하는 경향이 있다. 특정 단어를 미리 보기만 해도 그 뒤에 받아들이는 정보가 달라지는 것이다.

이건 실생활에서도 자주 일어나는 현상이다. 잘 알지도 못하는 A라는 남자가 엄청난 바람둥이라는 말을 친구에게 전해 들으면, 나중에 실제로 A를 만났을 때 '우와! 듣던 대로 정말 바람둥이같이 생겼네?'라는 생각이 들기 쉽다. 우리 인간에게는 이미 가진 정보와 뒤에 얻는 정보를 일치시킴으로써 빠르고 효율적으로 판단하려는 본능이 있기 때문이다. 이것을 심리학에서는 '맥락효과'라고 부른다.

목차를 활용해 공부의 맥락을 잡는 법

중요한 사실은 이 맥락효과가 공부할 때도 영향을 미친다는 점이다. 맥락효과는 공부에 도움이 되기도 하고 방해가 되기도 한다. 처음에 접한 정보 때문에 뒤에 접하는 정보가 쉽게 받아들여지기도 하고, 처음에 접한 정보가 뒤에 접하는 정보와 충돌하면서 개념을 정확히 이해하는 것을 방해하기도 한다. 따라서 교재에 있는 어떤 내용을 확실히 이해하려면 이 내용이 어떤 맥락에서 서술되었는지를 가장 먼저 파악해야 한다.

이때 중요한 것이 바로 '목차'다. 누군가는 목차를 복사해서 옆에 항상 두고 공부하라고 조언하기도 하는데 그렇게까지 할 필요는 없다. 단지 지금부터 설명하는 세 가지만 지키면 된다. 이 방법들은 각각 1초씩, 총 3초밖에 걸리지 않지만 그 효과는 엄청나다. 그러니 꼭 실천해 보자.

첫째, 내용의 작은 덩어리를 볼 때마다 맥락을 새로 잡아라. 여기서 '내용의 작은 덩어리'라는 것은 쉽게 말해 '소목차'에 해당하는 부분이다. 한 호흡에 읽을 수 있을 정도로 분량이 적으면서 하나의 주제에 속하는 개념 설명이다. 예를 들어 국사 교과서가 다음과 같은 목차로 서술되어 있다고 가정해 보자.

Ⅰ. 삼국의 성립 과정

1. 고구려의 성립

2. 백제의 성립

3. 신라의 성립

이 목차에서 '고구려의 성립', '백제의 성립', '신라의 성립'이 각 각 '내용의 작은 덩어리'인 셈이다. 많은 학생이 「1. 고구려의 성 립」을 먼저 읽고 그 뒤에 「2. 백제의 성립」을 읽는다. 이때 '맥락을 새로 잡는다'는 것은, 내용을 읽기 전에 목차를 보면서 '지금부터 고구려의 성립에 대해서 나오는구나!'라는 생각을 단 한 번만이라 도 해야 한다는 뜻이다. 이건 1초밖에 걸리지 않는 일이다. 그러나 이 1초가 내용을 제대로 이해하는 데 결정타 역할을 한다.

이 짧은 시간 동안 우리 머릿속에는 '고구려의 성립'이라는 빈방 이 만들어지고, 뒤에 입력되는 정보들이 그 방에 차곡차곡 들어갈 준비가 된다. 이 1초가 있느냐 없느냐에 따라 이해가 제대로 될 수 도 있고 안 될 수도 있다. 따라서 반드시 목차를 보면서 맥락부터 잡고, 그 후에 개념에 관한 서술을 읽어야 한다.

둘째, 교재의 내용을 읽는 도중에도 맥락을 계속 유지하라. 예를 들어 「1. 고구려의 성립」에 관한 내용을 읽는 도중에도 지금 읽는 내용이 모두 고구려의 성립 과정에서 일어난 일들이라는 사실을 틈틈이 의식해야 한다는 말이다.

좀 더 자세히 설명하겠다. 국사 교재에는 「1. 고구려의 성립」에 대해 설명하면서 태조왕·고국천왕·동천왕·미천왕·고국원왕 등의 많은 정보가 나열되어 있을 것이다. 그 내용을 그저 줄줄 읽기만 하는 것이 아니라, 태조왕에 대해 읽으면서 '지금 내가 고구려의 성립을 주제로 공부하고 있지?'라고 가끔 떠올려 봐야 한다. 고국원왕에 대해 읽으면서도 '이 부분도 역시 고구려의 성립에 관한 내용인 거지?'라고 확인해야 한다. 이것이 맥락을 유지한다는 것이다. 이렇게 해야 내가 받아들인 정보들이 「1. 고구려의 성립」이라는 머릿속 공간에 차곡차곡 들어가게 되고 이해도 훨씬 잘된다. 컴퓨터 바탕 화면에 폴더를 하나 만들어 여기에 관련 문서를 하나씩 집어넣는 것과 비슷하다.

셋째, 목차가 바뀌면 맥락을 끊고 새로 잡아라. 예컨대 「1. 고구려의 성립」 부분을 다 읽고 나서 「2. 백제의 성립」을 읽을 때는 잠시 멈추고 반드시 1초만이라도 이렇게 생각하는 것이다. '오케이! 지금까지 고구려의 성립에 관해서 읽었는데, 이제부터는 백제의 성립에 관한 내용이라 이거지? 알겠어!' 이런 식으로 의식해야 지금까지의 맥락이 자연스럽게 마무리된다. 그리고 다음에 들어올 정보를 위한 새로운 방이 머릿속에 하나 더 만들어진다.

이 과정을 소홀히 하면 어떻게 될까? 그러면 나중에 '고이왕 때 율령의 반포가 이뤄졌다'는 사실은 기억나지만 고이왕이 도대체 어느 나라 사람인지가 헷갈린다. 기본이 흔들리는 것이다. 교재를 읽을 때 맥락을 잡고, 유지하고, 끊어 주고, 새로 시작하는 것이 제대로 이뤄지지 않으면 흔히 나타나는 증상이다.

맥락효과를 이용해서 제대로 이해하는 이 방법은 특정 과목에만 적용하는 게 아니다. 모든 과목을 공부할 때 적용할 수 있는 방법이다. 수학 문제들을 풀면서 '이제부터 풀 문제들은 모두 이차방정식의 근의 분리에 관한 문제들인 거지?'라는 식으로 맥락을 잡고, 영어단어를 외우면서는 '지금 외우는 이 단어들은 모두 인체의 동작에 관한 단어들이지?'라는 식으로 맥락을 유지하고, 국어 교재를 읽으면서는 '지금까지 본 직유법과 은유법은 모두 비유법이고, 이제부터 강조법에 대해 보는 거지?'라는 식으로 맥락을 바꿔 가며 공부하는 것이다.

어려운 내용도
쉽게 이해하는 비결

이해력과 관련된 재밌는 퀴즈 하나를 내 보겠다. 150쪽의 그림처럼 테이블 위에 네 장의 카드가 놓여 있다. 카드 앞면에는 갈색 또는 주황색이 칠해져 있고, 뒷면에는 짝수 또는 홀수가 쓰여 있다. 이 카드들에는 '짝수 뒷면은 반드시 주황색이다'라는 규칙이 있다고 한다. 이 규칙이 실제로 맞는지 확인하기 위해서는 어떻게 해야 할까? 당연히 모든 카드를 뒤집어 보면 쉽게 알 수 있을 것이다. 그러나 '최소한의 카드'만 뒤집어서 확인해야 한다면 네 장의 카드 중 어떤 것을 뒤집어야 할까? 잠시 고민해 보길 바란다.

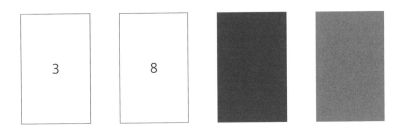

답을 생각해 보았는가? 이제 또 다른 문제를 내겠다. 식당 안에 있는 네 명의 사람들이 뭔가를 마시고 있다. 우리는 그 사람들의 나이가 몇 살인지 또는 마시고 있는 음료가 무엇인지 둘 중 하나만 알고 있다. '미성년자는 술을 마시면 안 된다'라는 규칙이 잘 지켜지고 있는지 확인하고자 한다면, 네 명 중에서 누구의 정보를 추가로 확인해야 할까? 천천히 오래 생각해도 좋으니 한번 풀어 보자.

뭔가를 마시는 23살 A	뭔가를 마시는 15살 B	맥주를 마시는 사람 C	콜라를 마시는 사람 D

충분히 생각했다면, 이제 정답을 이야기하겠다. 일단 A는 23살 성인이니 뭘 마시든 상관없으므로 지금 마시는 것이 무엇인지 굳이 확인할 필요가 없다. 반면 B는 미성년자이므로 지금 마시는 것이 혹시 술은 아닌지 확인해 봐야 한다. C는 맥주를 마시고 있으므

로 혹시 미성년자가 아닌지 확인해 봐야 한다. 반면 D는 콜라를 마시고 있으므로 굳이 나이를 검사할 필요가 없다. 따라서 정답은 B와 C다.

아무리 어려운 내용도 쉽게 이해하는 비결

첫 번째 문제와 두 번째 문제 중 어느 쪽이 더 풀기 쉬웠는가? 아마 첫 번째 문제는 조금 까다롭게 느껴졌을 것이고, 이와 달리 두 번째 문제는 그리 어렵지 않았을 것이다. 그런데 여기 놀라운 사실이 있다. 첫 번째 문제와 두 번째 문제는 사실 논리적으로는 완벽하게 같은 문제다. 단지 첫 번째 문제는 홀수와 짝수 같은 수학적 개념이 나와서 좀 더 어렵게 느껴졌을 뿐이다. 반대로 두 번째 문제는 우리가 일상생활에서 흔히 접하는 장면으로 바꿔서 질문하므로 첫 번째 문제와 논리적으로 같은 구조인데도 어렵지 않게 느껴진다. 무엇을 묻는지도 쉽게 이해할 수 있다.

여기에 '이해를 쉽게 하는 비결'이 숨어 있다. 인간은 실제 생활, 즉 '사회적인 장면'을 추상적인 개념보다 잘 이해하는 존재다. 선사시대를 생각해 보자. 그때는 '미분'이라든가 '환율' 같은 복잡하고 추상적인 개념을 몰라도 생존에 아무런 지장이 없었다. 대신 무리에 잘 적응하기 위해 인간은 '사회적 능력'을 발달시켜야 했다.

홀수나 짝수 같은 것은 몰라도 식당 안에서 누가 규칙을 어기고 술을 마시는지는 직관적으로 판단할 수 있는 능력이 있어야 했다.

그런데 지금의 사회는 그때와 많이 달라졌다. 환율이 오르고 있다면 수출을 주로 하는 기업의 주식을 사야 할까, 팔아야 할까? 이걸 잘못 결정한 사람은 애써 모은 돈을 날릴 수도 있다. 이렇듯 오늘날의 사회는 추상적인 개념을 잘 파악하는 게 중요하다. 그래서 우리가 학교에서 배우는 내용도 추상적인 개념들로 채워진 것이다.

문제는, 인간의 근원을 이루는 유전자는 변하지 않고 그대로라는 사실이다. 인간은 여전히 추상적인 개념보다는 일상생활에서의 장면을 더욱 잘 판단하는 머리를 가지고 있다. 따라서 추상적인 내용을 단번에 이해하기가 어려운 건 당연하다. 그렇다면 어떻게 해야 추상적인 내용을 좀 더 쉽게 이해할 수 있을까?

그 해결책은 '추상적인 내용을 사회적인 장면으로 바꿔 생각하는 것'이다. 앞의 예에서 첫 번째 문제를 두 번째 문제로 바꿔 이해하는 것과 같다. 사회적인 장면으로 바꾼다는 것은 곧 '우리가 일상생활에서 겪을 수 있는 생생한 장면으로 바꾸는 것'을 말한다. 우리는 홀수나 짝수 같은 개념을 특정한 장면으로 떠올릴 수는 없지만, 식당에서 술을 마시는 사람들을 떠올릴 수는 있다. 머릿속에 하나의 생생한 장면을 떠올릴 수 있다면 이것은 곧 개념을 사회적인 장면으로 바꾼 것이다.

환율로 다시 예를 들어 보겠다. 사회 교재는 '환율이 오르면 수출이 증가하고 수입이 감소한다'라고 설명한다. 만약 이 부분에 대해서 수업을 듣는다면 선생님은 대개 이런 식으로 설명할 것이다.

"1달러에 1000원이던 것이 1500원으로 오르면 환율이 인상된 것인데, 이것은 우리나라 원화의 가치가 평가절하되었다는 뜻이다. 따라서 수출에 집중하는 기업의 입장에서는 1달러어치 물건에 500원의 이익이 더 생기므로 그만큼 수출이 유리해질 수밖에 없다. 다들 이해되지?"

정말 이해되는가? 누구라도 금방 이해하기가 힘들 것이다. 왜냐하면 이런 설명은 우리가 겪어 온 사회적인 장면에 관한 것이 아니기 때문이다. 그렇다면 이번에는 눈에 보이는 생생한 장면으로 바꿔서 상상해 보자. 가상의 인물을 하나 등장시켜 보는 것이다. 예컨대 내가 수출을 주로 하는 어떤 기업의 사장님이 되었다고 상상해 보자.

한국에서 기업을 운영하는 나는 머리핀을 만들어서 중국의 기업으로 수출한다. 서로 약속한 가격은 한 개에 1달러다(국제거래에서는 달러를 사용한다). 지금까지 중국에 매달 1만 개씩 수출했고, 그래서 나의 수입은 매달 1000만 원이었다('1달러=1000원'이라고 전제했다). 그런데 갑자기 환율이 올랐다. 이제는 1달러에 1500원이 되었다. 그렇다면 매달 내 통장에 찍히는 돈은? 그렇다. 1500만 원이다. 가만히 앉아서 500만 원의 돈을 더 버는 것이다! 이런 상황이라면 당신은 신이 나서 수출을 더 많이 하려고 하지 않겠는가?

사회적인 장면으로 이해를 쉽게 한다는 것은 바로 이런 방식이다. 추상적인 개념이나 이해하기 어려운 내용을 내 주변에서 겪을 수 있는 장면으로 바꾸면 뭐든지 쉽게 이해할 수 있다. 이것은 인간의 심리적 특성을 이용한 공부 방법이기에 학년이나 실력에 상관없이 누구에게나 적용할 수 있다.

사회적 장면으로 이해할 때 알면 좋은 3가지

내가 이 내용에 대해서 학생들에게 강의하면 항상 세트처럼 따라 나오는 세 가지 질문이 있었다.

첫 번째 질문은 '모든 과목을 공부할 때 적용되는 방법인가요?'이다. 내 대답은 '국영수보다는 사회와 과학에 주로 적용된다'이다. 수학과 같이 애초에 추상적인 개념들로만 이뤄진 과목은 모든 공식에 사회적인 상황을 일일이 떠올리기가 힘들다. 영어단어를 외우거나 문법을 익힐 때도 마찬가지다. 그러나 사회와 과학의 경우, 이 것은 가장 핵심적인 공부 방법이 될 수 있다. 사회와 과학이라는 과목 자체가 우리가 살아가는 사회와 자연에 대한 것이기 때문이다.

내 경험을 예로 들어 보자. 나는 과학에서 '금속 전지'에 대해서 배울 때 이해가 되지 않는 부분이 있었다. 교재에는 '아연과 같이 반응성이 큰 금속이 (–)극이 된다'라고 쓰여 있는데, 나는 '반응성이 크니까 아무래도 (+)극이 되지 않겠어?'라고 잘못 이해하는 실수를 반복하고 있었다. 그러다가 이것을 다음의 장면으로 바꿔 생각했다.

"반응성이 크다는 것을 '사랑이 넘친다!'라고 바꿔서 이해해야겠어. 사랑이 넘치는 아연이 마치 끼를 부리듯이 전자를 주위에 마구 던지는 거지. 그러면 전자가 나오는 쪽이 (–)극이 되는 거니까, 반응성이 큰 아연이 (–)극이 되는 것이 맞네!"

이렇게 이해했더니 다음부터는 절대로 잊어버리지 않았다. 지금까지도 이 내용을 또렷이 기억한다. 그러니 여러분도 교재를 읽다가 이해하기 어려운 부분을 만나면 이 방법을 꼭 실천해 보길 바란다.

두 번째 질문은 '암기할 때도 이 방법을 써도 되나요?'이다. 내 대답은 '암기할 때도 이 방법을 적극적으로 사용하길 추천한다'이다. 앞에서 예로 든 금속 전지의 특성도 이런 방법으로 이해했더니 곧바로 암기할 수 있었다. 연습장에 수십 번 쓰지도 않았고 수첩에 적어 자투리 시간에 외우지도 않았다. 그런데도 저절로 외워졌다. 생생한 사회적 장면으로 이해하면 자신도 모르게 암기가 된다. 머릿속에 인상이 강하게 남기 때문이다.

따라서 사회적 장면을 상상하는 것은 이해를 제대로 하는 방법인 동시에 암기까지 같이 해결하는 방법이다. 물론 지금은 1회독 단계이므로 '암기'에 너무 신경 쓸 필요는 없다. 암기는 2회독 단계에서 본격적으로 하면 된다. 다만 이렇게 1회독에서 제대로 이해했다면 2회독 공부의 일부도 미리 해결할 수 있다는 이점이 있다.

세 번째 질문은 '어떤 내용을 사회적인 장면으로 상상하려고 하면 아무래도 그만큼 시간이 더 걸리지 않을까요?'이다. 내 대답은 '당장은 시간이 더 걸리는 것 같지만, 일단 실천해 보라. 결국엔 공부 시간이 단축된다'이다. 여러분은 높이에 따라 달라지는 구름의 모습을 사회적인 장면으로 바꾸기 위해 하늘을 날아다니는 구름요정을 상상할 수도 있다. 법적 안정성과 정의의 관계를 이해하기 위해 임대주택에서 쫓겨난 할아버지를 떠올릴 수도 있다. 물론 그만큼 상상하는 시간이 추가적으로 소모된다.

그러나 이 생생한 장면이 일종의 '끈'이 되어서 지금 보는 교재의 내용을 시험 점수로 연결해 주는 역할을 한다. 그러니 시간이 부족하다면, 교재의 모든 내용은 아니더라도 오늘 배운 것 중에서 가장 이해하기 어려운 한 가지만이라도 이 방법을 적용해 보길 바란다. 이 한 가지에 대해서만은 마치 직접 경험한 것 같이 생생한 장면을 상상해 보는 것이다. 수천 년 전 이 방법의 효율성을 깨달은 공자는 이런 말을 남겼다.

'귀로 들었던 것은 잊히고, 직접 바라본 것은 기억되고, 내가 경험한 것은 이해된다.'

'선입견'의 함정에
빠지지 않는 비결

여름이 다가올 때마다 TV에 자주 등장하는 광고가 있다. 바로 '워터파크 광고'다. 광고 속 내용은 매년 비슷하다. 젊은 남녀가 신나게 물놀이를 한다. 등장인물들의 모습도 항상 똑같아서, 웃통을 벗은 근육질 남자들과 비키니를 입은 여자들이 어김없이 등장한다.

이 광고를 볼 때마다 나는 조금 불편한 마음이 든다. 왜냐하면 광고 속 장면이 현실과는 전혀 맞지 않기 때문이다. 실제로 워터파크에 가면 '구명조끼'를 입지 않고는 시설을 이용할 수 없다. 따라서 광고처럼 웃통을 벗거나 비키니만 입은 채로 인공파도를 즐기는 모습은 현실에서는 불가능하다. 게다가 워터파크 이용객의 상당수는 어린아이들을 동반한 가족인데, 이상하게 광고에는 이런 가족들은 안 나오고 오로지 청춘 남녀만 가득하다.

왜 광고는 현실과 다른 모습을 보여 주는 걸까? 그 이유는 바로 인간의 '심리적 본능'을 이용해 구매를 유도하기 위해서다. 바로 '연상편향'이라는 현상이다. 쉽게 말해서 '자라 보고 놀란 가슴 솥뚜껑 보고 놀란다'라는 속담과 마찬가지다. 광고를 보면서 워터파크와 미남 미녀가 연결되면, 나중에는 워터파크란 말만 들어도 자연히 미남 미녀가 떠오르면서 그곳에 가고 싶어지는 것이다.

인간은 어떤 것에 강한 인상을 받으면 나중에 이와 비슷한 것만 봐도 예전에 겪었던 강한 인상을 떠올린다. 그러고는 예전에 경험한 것과 지금 보는 것을 동일시한다. 그래서 광고는 소비자들에게 '워터파크는 곧 젊고 아름다운 남녀들이 가득하며 재미가 넘치는 곳'이라는 인상을 심어 주기 위해 노력하는 것이다.

공부를 방해하는 '선입견'을 극복하는 방법

연상편향은 일종의 선입견이지만 그렇다고 꼭 나쁜 것만은 아니다. 인간은 바로 이 선입견 덕분에 척박한 환경에서도 살아남을 수 있었다. 여러분이 선사시대에 사는 원시인이라고 상상해 보자. 하루는 먹을 것을 구하기 위해서 산을 헤매다가 너무 맛있어 보이는 빨간 버섯을 발견했다. 이것을 집에 가져와서 먹었는데 그만 앓아 눕고 말았다. 사실 독버섯이었던 것이다.

죽을 고비를 겨우 넘기고서 얼마 후 다시 산에 갔는데, 모양은 다르지만 역시 색깔이 빨간 버섯 하나를 발견했다. 이 순간 여러분은 어떤 생각이 들겠는가?

'혹시 저것도 독이 있는 버섯은 아닐까? 저번에 먹고 죽을 뻔했는데 조심해야겠어!'

이렇게 생각해서 이 버섯을 그냥 지나칠 것이고, 덕분에 살아남을 확률은 높아질 것이다. 물론 같은 상황에서 다른 생각을 하는 사람도 있을 것이다.

'저번에 내가 캤던 버섯과 색깔은 똑같지만 모양이 다르잖아? 그러니 이번에는 괜찮겠지?'

이렇게 생각하고 이 버섯을 먹는 사람은 아무래도 살아남을 확률이 줄어들 것이다. 따라서 현대사회를 살아가는 우리는 '선입견을 품었기에 생존한 사람들'의 후손이라 볼 수 있다. 우리에게는 무엇인가를 보면 예전에 봤던 비슷한 것을 떠올리며 자기도 모르게 동일시하려는 본능이 있다.

하지만 시대가 변했다. 현대사회에서는 독버섯을 구별하는 능력이 더는 필요 없다. 대신 '관계부사 뒤에는 완전한 절이 온다'라는 선입견 때문에 '그럼 관계대명사도 마찬가지겠지?'라고 생각하면 영어 시험에서 문법 문제를 틀리고, 이것이 대학 진학이나 취업까지 영향을 주는 시대가 되었다. 선입견이 공부할 때 정확한 이해를 방해해 결국 우리의 생존에도 방해가 되는 세상이 온 것이다.

A라는 사실을 정확히 이해했더라도 비슷한 B와 구별하지 못하면 나중에는 A마저 헷갈린다. 아무리 열심히 공부해도 남는 것이 '잘못 이해한 지식'뿐이라면 얼마나 억울한 일인가? 따라서 우리는 선입견이라는 인간의 본능을 극복하는 방식으로 공부해야 한다. 어떻게 해야 이것이 가능할까?

어떤 지식을 배울 때마다 그와 비슷한 개념과 구별하면서 공부하는 것이 해결책이다. 구체적인 방법으로는 다음의 세 가지가 있는데, 이것은 모든 과목에 적용할 수 있다. 특히 기본서를 처음 읽는 단계에서는 적극적으로 활용해야 한다.

솔루션① 비슷한 개념과 구별하며 공부하기

첫째, 중요한 지식을 접할 때마다 '역·이·대우'를 함께 고민해 보자. 역·이·대우는 수학에서 '명제' 단원을 공부했던 학생이라면 잘 알고 있을 것이다. 예전에 배웠던 기억을 떠올릴 겸 다시 한 번 정리해 보자. 'A이면 B이다'가 원래 문장이라고 하자. '역'은 여기서 순서만 바꾸는 것이다. 따라서 'B이면 A다'가 된다. '이'는 원래 문장을 부정하는 것이다. 따라서 'A가 아니면 B가 아니다'가 된다. 마지막으로 '대우'는 순서도 바꾸고 부정도 하는 것이다. 따라서 'B가 아니면 A가 아니다'가 된다.

우리가 공부하는 교재가 잘못된 경우는 거의 없을 테니, 책에 나오는 문장들은 참인 명제들일 것이다. 과학 기본서에서 한 문장을 뽑아 예로 들어 보겠다. '순물질은 어는점이 일정하다'라는 문장을 생각해 보자. 만약 이 문장이 중요한 지식이라고 느껴진다면 이 문장의 역·이·대우가 참인지 거짓인지도 체크해 봐야 한다. 물론 진도는 잠시 멈춰지겠지만, 이렇게 공부하면 확실히 이해할 수 있으므로 결국 최종적인 공부 시간은 오히려 단축된다.

먼저, 이 명제의 '역'은 무엇일까? 순서만 바꾸면 되니까 '어는점이 일정하면 순물질이다'가 될 것이다. 이것은 사실일까? 교재를 살펴보니 모든 물질은 순물질 아니면 혼합물이며 혼합물은 어는점이 일정하지 않다고 나와 있다. 따라서 어는점이 일정하다면 이것은 순물질이니 결국 '역'도 참이다.

명제 단원에서 배웠듯이 원래 명제와 대우 명제는 참과 거짓의 운명을 같이한다. 원래 명제가 참이므로 대우 명제인 '어는점이 일정하지 않으면 순물질이 아니다'도 역시 참이다. 원래 명제와 같은 뜻이지만 이렇게 대우 명제로 바꿔서 읽고 나면 새로운 느낌이 들 것이다. 좀 더 깊이 있는 이해가 가능한 순간이다.

'역'과 '이'는 서로가 '대우' 관계이므로 역시 참과 거짓의 운명을 같이한다. '역'의 문장인 '어는점이 일정하면 순물질이다'가 참이니까, '이'의 문장인 '순물질이 아니면 어는점이 일정하지 않다' 역시 참이 된다.

이렇게 같은 문장을 역·이·대우로 바꿔서 참과 거짓을 체크해본 뒤 한 번씩만 음미해 보자. 개념이 새롭게 느껴지고, 때로는 자신도 모르게 갑자기 깨달음을 얻을 수도 있다.

'어라? 그렇다면 어는점만 측정해서 순물질과 혼합물을 쉽게 구별할 수 있겠네?'

이런 생각이 들면서 실력이 한 단계 더 성장하는 것이다. 나중에는 문제를 풀 때 '다음은 어떤 물질의 어는점을 측정하기 위한 실험이다'로 시작되는 부분만 읽어도, '혹시 순물질과 혼합물의 구별을 묻는 문제인가?'라고 쉽게 감을 잡을 수 있다.

시험에서 어려운 문제를 맞히려면 평소에 어떻게 공부해야 할까? 이 질문에 어떤 학생은 어려운 문제를 많이 다뤄 봐야 한다고 답한다. 틀린 말은 아니지만 그렇다고 완벽하게 맞는 말도 아니다. 왜냐면 상당수의 어려운 문제는 개념을 제대로 이해하기만 해도 풀리는 경우가 많기 때문이다. 따라서 같은 문장이라도 이렇게 바꿔 가며 제대로 이해하려고 노력한다면, 굳이 문제를 많이 풀지 않더라도 자연스럽게 어려운 문제까지 맞힐 수 있게 된다.

솔루션② 비슷한 개념에 관해 질문하기

둘째, 중요한 지식을 대할 때마다 비슷한 개념에 관해 질문해 봐야 한다. 물론 이 말이 의아할지도 모르겠다. 왜냐하면 앞서 내가 '모든 기본서를 읽을 때 중요한 원칙'에 대해 설명하면서, '처음 교재를 읽을 때는 질문하지 말라'라고 조언했기 때문이다. 그때는 질문하지 말라고 해 놓고 왜 지금은 질문하라고 할까?

여기서 말하는 '질문'은 앞에서 말한 것과는 성격이 완전히 다르다. 앞에서 설명했던 질문은 "왜 동학운동이 갑오개혁의 원인이 되었을까?"처럼 '왜?'라는 질문이었다. 그러나 지금 설명하는 질문은 '비슷한 개념'에 대한 질문이다. 예컨대 갑오개혁을 공부할 때 "을미개혁과는 뭐가 다른 거지?"라는 식의 질문이다. 물론 질문만 던져서는 안 된다. 반드시 교재를 찾아보고 개념을 서로 비교해 봐야 한다. 이해의 폭을 넓히기 위해서는 비슷한 개념들을 같이 공부해 두자. 그래야 더 정확히 이해할 수 있고 나중에 헷갈리지 않는다.

어떤 학생이 영어문법을 공부하는 장면을 상상해 보자. 교재를 보니 '관계부사 뒤에는 완전한 문장이 온다'라는 설명이 있다. 평범한 학생들은 '그런가 보다' 하고 그냥 넘어간다. 그러나 성적이 급상승하는 학생들은 다르다. 잠시 멈추고 비슷한 개념에 대해서 질문해 본다. '그럼 관계부사가 아니라 관계대명사인 경우는 어떻게 되는 거지?' 그러고는 교재를 뒤적여서 그에 관한 답을 찾는다. 그래서 '관계대명사에는 이미 뒷부분의 문장성분이 포함되어 있으므로 불완전한 절이 뒤따른다'라는 지식을 추가로 습득한다. 뭔가 제대로 알아 가는 느낌이 든다.

이번에는 문제를 풀어 본다. 'I visited the house where she bought'라는 문장에서 틀린 부분을 고치라고 한다. 뒷 문장을 보니 그녀가 샀다고만 되어 있고 무엇을 산 것인지는 나와 있지 않다. 불완전한 문장이다. 그렇다면 바로 앞에는 관계대명사가 와야한다. 그런데 관계부사 'where'가 자리를 차지하고 있으니 이것을 관계대명사 'which'로 바꿔야 한다. 정답을 보니…… 맞혔다! 이제야 모든 것을 확실하게 이해한 느낌이다.

공부는 이렇게 하는 것이다. 평소에 공부할 때에도 비슷한 개념에 대해서 질문을 던져 가면서 공부하자. 영어 공부를 한다면 'as soon as'의 뜻을 외우면서 "그럼 'as long as'의 뜻은 뭐였지?"와 같은 질문을 던져 보는 것이다. 과학을 공부할 때 반응성에 대해 읽으면서 "이게 이온화 경향이랑 같은 건가?"라고 질문해 보자. 개념은 그러면서 잡히는 것이다. 이렇게 공부하면 나중에 시험을 칠 때도 응용문제에서 고득점을 얻을 수 있는 실력을 갖추게 된다.

솔루션③ 예전에 공부했던 관련 개념까지 확실히 정리하기

셋째, 중요한 지식을 접할 때마다 예전에 공부했던 관련 개념을 함께 정리해야 한다. 국사 교과서를 보다가 '신라에서는 외사정이 사정 및 감찰 기능을 수행하였다'라는 문장을 읽었다고 치자. 앞에서 내가 말한 대로 잘 따라왔다면 여러분은 이렇게 질문할 것이다. '신라의 감찰기구가 외사정이라면…… 그럼 다른 시대의 감찰기구는 뭐지?' 그러자 머릿속에서 갑자기 예전에 배운 '사정부'라는 단어가 떠오른다. 하지만 이상하다. 사정부 역시 신라의 감찰기구라고 알고 있다. 그렇다면 감찰기구가 두 개라는 건가?

이럴 땐 절대 그냥 넘어가선 안 된다. 교재를 넘겨 찾아봐야 한다. 그러면 확실히 알 수 있다. '그렇구나! 사정부는 기관의 명칭이고 거기서 파견한 관리가 외사정이구나! 비유하자면 사정부는 오늘날의 '경찰서' 같은 것이고 외사정은 '형사'처럼 이곳 관리의 명칭이구나!'

다시 한번 말하지만, 인간은 선입견의 동물이다. 예전에 배운 지식이 지금 공부에 영향을 주고 있기에 자꾸만 헷갈린다. 그러니 '그건 예전에 이미 공부한 거잖아!'라며 두루뭉술하게 넘어가선 안 된다. 예전에 배운 것과 지금 배우는 부분을 반드시 비교하고, 차이점을 분명하게 이해한 다음에 넘어가야 한다. 그러면 나중에 어려운 문제를 풀 때도 큰 도움이 된다. 출제자가 아무리 헷갈리게 질문해도 함정에 풍덩 빠지지 않고 쉽게 정답을 맞힐 수 있다. 이는 곧 성적 급상승으로 이어질 것이다.

'인과관계'를 이해해야
확실히 아는 것이다

"미안해! 내가 잘못했어!"

지하철역에서 나는 화가 나서 집으로 돌아가겠다는 여자친구의 손목을 잡고 말했다. 지나가는 사람들이 힐끗힐끗 나를 쳐다본다.

"뭐가 미안한데?"

"그러니까, 음⋯⋯."

생각해라, 박철범! 지금 머리를 잘 굴리면 넌 반드시 이 상황을 모면할 수 있다! 근데 뭐라고 말하지? 나는 왜 미안해해야 하는 거지? 이 상황에서 뭘 잘못했다고 말해야 정답이지? 서울대도 합격한 그 머리를 지금 풀가동시켜라!

"음…… 내가 네 옷에 된장국을 튀게 해서?"

"하? 지금 보니 자기가 왜 미안해해야 하는지도 모르고 있네? 날 그런 걸로 삐치는 쪼잔한 여자로 생각하고 있었나 봐? 됐어! 나 피곤하니까 그냥 집에 갈래!"

예전에 수능을 칠 때 봤던 수리 영역의 4점짜리 마지막 주관식 문제도 이보다는 쉬웠던 것 같다. 이 상황에서 만약 내가 다음과 같이 말했다면 데이트의 마지막 모습은 완전히 달라졌을 것이다.

"미안해. 네가 스파게티를 먹고 싶었던 것도 모르고, 예쁜 옷에 냄새가 배는 고깃집으로 억지로 끌고 가서 미안해. 네가 뭘 먹고 싶은지 맞히지 못해서, 맞히지 못했더라도 계속 물어보지 않아서 미안해. 고기에 정신이 팔려 네 젓가락 안 놔 준 것도, 나 혼자만 물을 따라 마신 것도 진짜 미안해. 내가 혼자 오래 살아서 그런지 누구랑 같이 밥 먹는 게 익숙하지 않아서 그랬나 봐. 아니, 내가 잘했다는 건 절대 아니야. 앞으로는 진짜 안 그럴게. 내가 잘못했고 정말 미안해. 일단 우리 아이스크림 와플 먹으러 갈까? 정말 맛있고 예쁜 가게를 알고 있어!"

내가 절대 들키고 싶지 않은 과거의 아픈 기억을 굳이 꺼낸 이유가 있다. 지금부터 말할 내용이 너무나 중요하기 때문에, 여러분의 머릿속에 확실히 남게 하고 싶어서다.

무엇인가를 확실히 이해했다는 말은 곧 '인과관계'를 정확히 아는 것을 의미한다. 저 사람이 왜 화가 났는지 '원인'을 모른다면 나는 아직 상대의 마음을 이해한 것이 아니다. 반면 이런 결과가 나타나게 된 원인을 안다면 이것은 상황을 제대로 이해하고 있다는 뜻이다.

교재를 이해한다는 것=인과관계를 파악한다는 것

그렇다면 교재를 완벽하게 이해한 사람이란 어떤 사람일까? 몇 페이지 몇째 줄에 어떤 내용이 있는지까지 외우고 있는 사람? 교재에 있는 문제들을 모두 풀어 본 사람? 모두 아니다. 교재를 완벽하게 이해한 사람이란 교재에 있는 개념들 사이의 '인과관계'를 정확히 파악한 사람이다. 우리가 공부할 때, 하나의 지식만 홀로 서 있는 경우는 없다. 반드시 둘 이상의 지식이 서로 연관되어 있으며 보통 이것은 '원인과 결과'의 관계를 이룬다.

시험에서 출제자가 원하는 것은 무엇일까? 계산 능력? 조금만 연습하면 금방 기를 수 있는 그런 능력은 출제자가 진정으로 원하는 능력이 아니다. 그래서 그런 능력을 측정하는 문제는 배점이 낮다. 출제자가 정말 원하는 것은 '개념을 제대로 이해하는 것'이다. 그리고 이 능력을 측정하기 위해서 고난이도의 문제를 내는데, 이때 꼭 확인하는 것이 바로 '인과관계'다.

그렇다면 출제자의 이런 요구에 대비하기 위해서 우리는 평소에 어떻게 공부해야 할까? 이제부터 이야기할 세 가지를 1회독 단계에서 실천하면 된다.

이해법① 인과관계 고민하기

첫째, 교재를 읽는 동안에 여러 지식 사이의 인과관계에 대해서 충분히 고민해 보는 것이다. 교재에 다음과 같은 내용이 있다고 가정해 보자.

청동기 시대

시기: BC2000~BC1500년경

경제: 농업의 발달과 인구의 증가

주거: 배산임수형 입지, 구릉지대의 움집

사회: 사유재산·계급·정복 전쟁 발생

그냥 열심히만 공부하는 학생들은 이 내용을 읽으면서 이해가 되면 곧장 다음으로 넘어갈 것이다. 그러나 공부하는 만큼 실력이 급상승하는 학생들은 다르다. 이 정보들 사이에서 인과관계로 묶을 수 있는 것들을 고민해 본다.

"사유재산 제도가 생기면 당연히 재산의 격차가 벌어지겠지? 그럼 결국 재산에 따라 사회적인 신분도 나뉘게 되니, 남의 재산을 뺏기 위해 전쟁도 일어나는 게 아닐까? 그렇다면 사유재산은 원인이 되고 계급과 정복 전쟁은 결과가 되겠구나!"

"배산임수와 정복 전쟁도 어떤 인과관계가 있지 않을까? 물론 배산임수는 기본적으로 마을 뒤에 있는 산에서 땔감을 얻고 앞에 있는 강에서 물을 얻기 위함이지. 하지만 뒤에 산이 있으면 아무래도 적을 방어하기에 더 유리하지 않겠어? 그렇다면 잦은 전쟁도 배산임수의 원인 중 하나이겠네?"

이렇게 질문을 던진 뒤 인과관계로 묶어 보려고 시도하는 것 자체만으로도 실력이 크게 성장한다. 물론 교재의 모든 내용을 전부 이렇게 하기는 힘들다. 그러나 1시간을 공부할 때 단 하나의 지식만이라도 이렇게 해 보려고 시도하면, 이 과정에서 실력이 빠르게 성장하는 것을 느낄 수 있을 것이다.

이해법② 한 가지 결과에 대해 다양한 원인 떠올리기

둘째, 한 가지 사실에 대한 다양한 '원인'을 생각해 보는 것이다. 교재의 어떤 부분에는 우리가 고민할 필요 없이 이미 인과관계가 나와 있을 때가 있다. 만약 과학 교재를 보니 '빛의 세기가 셀수록 광합성의 양도 증가한다'라고 적혀 있다면, 빛의 세기는 원인이고 광합성의 양은 결과다.

이렇게 인과관계가 뻔히 나와 있는데 딱히 더 생각할 것이 있을까? 그렇다. '또 다른 원인'을 생각해 볼 수 있다. 광합성의 양이라는 결과에 영향을 미치는 것에는 또 무엇이 있을까? 교재를 이리저리 찾아보니 '온도'가 있다. '빛의 파장'도 원인이 된다. 그렇다면 '기압'은 어떨까? 이것도 광합성의 양에 영향을 줄까?

인과관계를 고민한다는 것은 이런 방식이다. 광합성의 양이라는 결과에 영향을 미치는 원인을 다양하게 떠올려 본 후 교재에서 확인하는 식으로 공부하는 것이다. 이것을 도표로 정리하거나 메모해 두면, 바로 시험에서 고난이도 문제도 척척 맞힐 수 있는 핵심 지식이 된다.

이해법③ 한 가지 원인에 대해 다양한 결과 예측하기

셋째, 이번에는 반대로 한 가지 사실에 대한 다양한 '결과'를 생각해 보는 것이다. 예컨대 교재를 보니 '인플레이션이 일어나면 경기가 침체된다'라고 나와 있다고 하자.

여기서 인플레이션은 원인이고 경기침체는 결과다. 그렇다면 인플레이션이라는 원인이 초래하는 '또 다른 결과'는 없을까? 매달 일정한 월급을 받는 노동자들은 어떨까? 돈의 가치가 떨어지고 물건의 가치가 올라가는 것이 인플레이션이니까, 월급의 가치가 떨어져서 손해를 볼 것이다. 하지만 빌딩을 가지고 있는 사람들은 어떨까? 이런 사람은 이득을 볼 것이다. 결과는 이처럼 다양할 수 있다.

한 가지 원인에 대해서 다양한 결과를 예측해 보자. 그리고 자신의 예측이 맞는지 확인하기 위해 교재를 찾아보거나 선생님에게 물어보자. 진짜 실력은 이 과정에서 쑥쑥 성장한다.

그렇다면 모든 과목에 이 방법들을 적용해야 할까? 정답을 말하자면, 교재를 읽을 때 지식과 지식 사이의 인과관계를 고민해 보는 이 방법은 국어와 영어에는 잘 맞지 않는다. 그 이유는 두 과목이 공통적으로 '언어'를 다루기 때문이다. 언어는 사람들이 그냥 그렇게 쓰기로 한 것이지 거기에 무슨 인과관계가 있는 것은 아니다. 또한 수학에도 잘 맞지 않는다. 왜냐면 수학이라는 과목의 모든 내용이 이미 인과관계들의 모임이기 때문이다. 10에서 7이 된 이유는 3을 뺐기 때문이지 거기에 또 다른 다양한 원인이 있는 것은 아니다.

인과관계를 고민해 보는 이 방법을 활용하기 가장 좋은 과목은 바로 사회와 과학이다. 애초에 이 두 과목이 우리가 사는 사회와 자연을 다루고 있기 때문이다. 사회는 인간들의 행동이, 과학은 물리적인 힘이 원인이 되어 다양한 결과가 나타난다. 이 두 과목에서는 인과관계가 곧 공부의 시작이자 끝이며 출제자들이 묻고 싶어하는 핵심 지식이다. 따라서 사회와 과학을 공부하기 위해 기본서를 읽을 때는 지식과 지식 사이의 인과관계를 유념하면서 읽어 보길 바란다. 그러면 적은 시간을 들이고도 충분히 큰 성과를 얻을 수 있다.

제대로 이해했는지
스스로 점검하는 방법

내가 대학교에 입학하고 얼마 되지 않았을 때의 일이다. 학비를 마련하기 위해 학원 강사 아르바이트를 찾던 중, 어떤 학원에서 과학 강사를 모집한다는 공고를 봤다. 근무시간과 급여가 매우 좋았다. 그래서 이 학원의 면접을 봤는데 원장 선생님이 이렇게 말했다.

"면접은 간단합니다. 박철범 씨가 아는 고등학교 과학의 내용 중에서 아무거나 저에게 설명해 보세요. 참고로 저는 영어를 전공해서 과학에 대해서는 잘 모릅니다. 그런 제가 박철범 씨의 설명을 쉽게 이해할 수 있다면 합격입니다."

"알겠습니다. 그럼 '금속 전지'에 대해서 설명해 볼게요. 전지의 원리는 간단합니다. 이 세상에 있는 모든 물질이 원자로 이뤄져 있는 건 아시죠? 원자는 중간에 핵이 있고 전자가 그 주위를 돌고 있습니다. 금속의 경우, 전자가 잘 흘러나오는데 그 양은 금속 종류에 따라 차이가 있습니다. 어떤 금속은 많이 나오고 어떤 금속은 적게 나오죠. 예컨대 아연은 전자가 많이 나오지만 반대로 구리는 전자가 적게 나옵니다. 자, 만약 아연과 구리를 전선으로 연결하면 어떻게 될까요? 그럼 전자는 아연에서 흘러나와서 구리로 가겠죠? 이게 곧 전류가 흐르는 원리입니다. 이때 중간에 전구가 있다면? 불이 켜지겠죠!"

원장 선생님은 고개를 끄덕이더니 또다시 물었다.

"쉽게 이해되네요. 그런데 궁금한 점이 있어요. 아연에서 전자가 잘 나오는 이유는 뭐죠?"

이 질문을 듣자마자 나는 내가 합격할 거라는 사실을 확신했다. 왜냐면 이 질문은 내가 고등학생 때도 궁금해하던 것이었다. 그래서 나중에 원리를 확실히 알게 되었다.

"돌멩이는 물보다 무겁죠? 왜 그럴까요? 간단합니다. 애초에 그렇게 무거운 물질로 만들어졌기 때문입니다. 마찬가지예요. 원래 아연은 구리보다 전자가 잘 나오는 물질인 거죠!"

원장 선생님은 웃으면서 고개를 끄덕였다. 다음 날부터 나는 이

학원에서 일하기 시작했다. 나중에 원장 선생님에게 들어 보니 그 날 면접을 보러 온 사람 중에는 스펙이 정말 좋은 사람들이 많았다고 한다. 심지어 서울대 화학과 대학원에 다니는 사람도 있었는데 그분의 경우, 설명하는 내용이 무슨 말인지 도통 이해가 되지 않았다는 것이다. 반면 나는 설명을 쉽게 해서 인상이 좋았다고 했다.

학원 수강생들도 내 수업을 좋아했다. 덕분에 학부모님들이 "우리 애가 그러는데, 학원에서 정말 잘 가르쳐 주는 과학 선생님을 만난 덕에 성적이 많이 올랐대요. 그래서 감사 인사를 드리러 왔습니다."라며 선물을 들고 찾아오는 일도 자주 있었다.

설명하지 못한다면, 이해하지 못한 것이다

내가 지금 내 자랑이나 하려고 여러분에게 이 이야기를 꺼냈을까? 아니다. 내가 사람들에게 좋은 반응을 얻을 수 있었던 비결을 알려주고 싶어서다. 이건 정말로 중요한 내용이니 여러분이 꼭 기억했으면 좋겠다.

나는 공부할 때, 나 자신에게 설명할 수 없다면 공부를 끝내지 않았다. 아무리 시간을 많이 들여 공부했더라도 그것을 설명할 수 없다면 실제로는 제대로 이해한 것이 아니기 때문이다.

우리는 앞서 이해력을 높이는 다양한 방법들을 배웠다. 물론 여러분이 실제로 공부할 때 이 방법들을 완벽하게 실천하지는 못할 수도 있다. 그런데도 방금 공부한 내용을 자신에게 또는 누군가에게 설명할 수 있다면, 괜찮다. 그건 제대로 공부한 게 맞다. 교재를 다음 페이지로 넘겨도 좋다.

반면 방금 공부한 내용을 설명하자니 입이 제대로 움직이지 않는다면? 이런 경우 나는 여러분에게 정말 간곡하게 부탁하고 싶다. 이 부탁을 꼭 들어주길 바란다.

다시 공부하라.

여러분이 한 건 제대로 된 공부가 아니다. 무엇인가를 확실하게 안다면 설명도 확실하게 할 수 있어야 한다. 설명을 못 한다면 이것은 제대로 알고 있는 것이 아니다. 따라서 한 챕터의 공부를 끝내고 나면 여기에서 가장 중요한 개념에 대해 자신에게 설명해야 한다. 근의 공식의 유도과정에 대해서, 아관파천의 원인과 결과에 대해서, 가정법 과거시제에서 종속절과 주절의 차이에 대해서 말로 직접 설명해 보자. 방금 공부한 내용인데도 머릿속에 들어 있지 않다는 사실을 금방 깨달을 것이다.

'다른 사람'에게 설명하는 건 더 좋은 방법이다. 이때 주의할 점은, 상대방은 내가 설명하려는 내용을 잘 모르는 사람이어야 한다. 이미 잘 아는 사람에게 설명하는 것은 의미가 없다. 예를 들어 수학 선생님이라면 여러분이 구분구적법에 대해서 횡설수설하더라도 무슨 말인지 대번에 알아들을 수 있다. 그 분야의 전문가이기 때문이다. 따라서 이 개념을 전혀 모르는 사람에게 설명할 수 있어야 한다. 그게 제대로 이해했다는 증거다.

만약 여러분이 어떤 개념을 거의 출제위원 수준으로 완벽하게 이해했다면 일곱 살짜리 꼬마에게도 이 개념을 충분히 이해시킬 수 있을 것이다. 심지어 그 어렵다는 미분의 개념이라도 말이다. 비유까지 들어가면서 쉽게 설명하면 정말로 가능하다.

내가 추천하는 좋은 방법은 친구들과 팀을 만들어 각자 자신이 공부한 내용을 설명하는 것이다. 다들 진도가 같을 필요는 없다. 각자 자기가 공부한 것을 돌아가며 이야기하면 된다. 만약 친구가 여러분의 설명을 이해했다면, 그 공부는 성공한 것이다. 만약 친구가 여러분의 설명을 듣고도 무슨 말인지 잘 모르겠다며 고개를 갸우뚱한다면, 당신의 공부는 실패한 것이다. 또 친구의 질문에 대답할 수 없다면, 여러분은 반드시 그 개념을 다시 공부해야만 한다.

이 방법을 꾸준히 실천하다 보면 몇 가지 궁금한 점이 생길 것이다. 실제로 이를 실천했던 학생들이 나에게 자주 했던 질문이 있는데, 그에 대한 답변을 몇 가지로 나눠 설명하겠다.

질문① "말을 잘해야만 가능한 방법 아닌가요?"

아니다. 말을 잘하는 것은 아무런 상관이 없다. 자, 한번 상상해 보자. 한 친구가 여러분의 집에 놀러 가겠다며 학교에서 집으로 가는 방법을 묻는다. 이때 자신이 매일 다니는 길을 설명하지 못하는 사람이 얼마나 될까? 몇 번 버스를 타야 하는지, 버스정류장 근처에는 어떤 큰 건물이 있는지 누구라도 자세히 설명할 수 있을 것이다. 아무리 말주변이 없는 사람이라도 자기가 확실하게 아는 건 설명할 수 있다. 이건 말을 잘하고 못하고의 문제가 아니다.

질문② "모든 과목에 적용되는 방법인가요?"

그렇다. 이 방법은 특정 과목에 상관없이 적용할 수 있다. 그러니 어떤 과목을 공부하든지 다음 개념 또는 다음 단원으로 넘어가기 전에 반드시 입을 움직여 보자. 대략이라도 설명할 수 있을 때 비로소 다음으로 넘어가야 한다.

질문③ "공부한 모든 내용을 일일이 다 설명해야 하나요?"

아니다. 물론 모든 내용을 설명해 보면 가장 좋겠지만, 시간이 너무 오래 걸린다. 그러니 공부한 내용 중에서 가장 중요하다고 느껴지거나 가장 어려웠던 개념에 대해서만 실천해 보자. 1시간을 공부했다면 한 가지 정도의 개념을 말로 설명해 보는 정도가 적절할 것이다.

질문④ "스스로에게 설명할 때도 소리 내서 해야 하나요?"

그렇다. 가급적이면 소리 내어 말하자. 머릿속에서만 이야기하는 것은 별로 의미가 없기 때문이다. 생각은 '대충 알아도' 할 수 있다. 하지만 실제로 말하는 것은 '확실히 알지 않으면' 불가능하다. 그러니 실제로 소리를 내서 설명해 보는 것이 가장 좋다. 물론 상황 때문에 힘들 수도 있다. 예컨대 학교나 도서관에서 공부하느라 도저히 소리를 낼 수가 없다면, 입만 달싹거리면서라도 설명해보자.

질문⑤ "아무것도 없으니까 설명하기 어려워요. 교재를 보면서 해도 되나요?"

안 된다. 교재를 눈으로 보면서 설명하면 머리는 굴리지 않고 교재를 더듬더듬 읽고 있는 자신을 발견할 수 있을 것이다. 설명은 교재를 안 보고도 할 수 있어야 한다. 물론 특정 단어가 기억나지 않아서 설명이 막힐 수도 있다. 그런 경우에 교재를 잠깐 들춰 보는 정도는 괜찮다. 하지만 이내 덮고 나서 다시 설명해야 한다. 그래야만 실력이 쑥쑥 는다. 그러다 보면 어떤 페이지는 수십 번 들춰 보게 될 수도 있다. 그래도 괜찮다. 그게 정상이다. 그렇게 들춰 보는 횟수만큼 실력도 함께 성장하는 것이다.

질문⑥ "문제풀이를 할 때도 이 방법을 써야 할까요?"

그렇다. 이 방법은 기본서를 읽을 때만이 아니라 문제풀이 단계에서도 해야 한다. 물론 이때 설명하는 대상은 개념이 아니라 풀이 과정, 즉 풀이의 줄거리가 될 것이다. 예컨대 다음과 같은 식이다.

"이 문제에서 주어진 것은 두 점과 한 직선의 방정식이잖아? 그러니까 두 점을 잇는 직선의 방정식을 구해서 다른 직선과의 교점을 구하면, 짠! 이렇게 답이 나오는 거지!"

이런 식으로 간단하게 말해 보면 된다. 그러면 이 과정이 머릿속에 확실히 남아서 나중에 비슷한 문제를 만났을 때도 풀이법이 쉽게 떠오를 것이다.

4장

공부 3력 중
'암기력'을
높이는 비결

사소한 것들이 모여서 완벽한 작품을 만든다.
일단 완벽해지면 그것은 더 이상 사소한 작품이 아니다.

미켈란젤로

2회독에서는
암기 중심으로 공부하라!

"근데 형, 연비가 높은 차가 왜 좋은 차예요?"

대학교 시절, 후배가 눈을 동그랗게 뜨고 나에게 물었다.

"그게 무슨 말이야? 기름값이 적게 드니까 당연히 더 좋은 차지……."

"말이 안 되잖아요? 연비가 높으면 기름값이 많이 든다는 거잖아요?"

그제야 나는 이 후배가 '연비'가 뭔지 잘 모른다는 사실을 깨달았다. 후배는 연비를 '연료 비용'으로 알고 있었다. 나는 여기에서 '비'는 '비용'의 비가 아니라, '비례식'의 비라고 말해 줬다. 그리고 연비란 '같은 양의 연료로 몇 킬로미터나 갈 수 있는지'를 의미하는 것이라고 설명했다. 후배는 처음 알았다며 신기해했다.

내가 이 이야기를 꺼낸 이유가 있다. 이 후배는 '연비가 높은 차가 더 좋은 차다'라는 일종의 시험문제에서 실수를 범한 셈이다. 비유하자면 '응용문제'를 틀린 것이다. 그런데 틀린 이유가 무엇이었을까? 문제를 많이 안 풀어서? 사고력이 떨어져서? 아니다. 후배가 이 문제를 틀린 이유는, 애초에 연비의 개념을 제대로 '암기'하지 않았기 때문이다.

어려운 문제를 푸는 열쇠는 '암기'다

우리는 암기를 아주 단순한 문제를 맞히는 데나 필요한 방법이라 생각한다. 어려운 문제를 맞히기 위해서는 암기보다는 다양한 문제를 푸는 것이 정답이라고 여긴다. 그래서 특히 중위권 학생들은 공부의 방향을 '양'으로 잡는다. 무엇이든 정확하게 암기하려고 하기보다는 문제집의 수를 늘리는 데만 신경을 쓴다. 그렇지만 몸이 고생하는 것에 비해 별 효과가 없다. 왜 그럴까?

그 이유는, 응용문제를 틀리는 가장 큰 원인이 '문제풀이 부족'이 아니라 '암기의 부족'이기 때문이다. 암기한 내용이 확실하지 않으니 조금만 문제를 꼬아도 풀지 못한다. 그래서 이것저것 헷갈리고 응용도 할 수 없는 것이다. 반대로 암기가 정확하면 자신이 외운 사실에서 출발하니 문제를 푸는 순간에도 빠르게 판단할 수 있다. 그러니 어려운 문제도 쉽게 풀어내는 것이다.

그래서 암기는 시험 직전에 마무리 공부를 할 때도 물론 중요하지만, 기본서를 읽으면서 공부하는 단계에서 특히 더 중요하다. 암기가 확실히 된 상태여야 그다음 단계인 깊은 사고 위주의 공부가 가능하기 때문이다. 이것이 '이해가 위주인' 1회독과 '사고가 위주인' 3회독 사이에 반드시 '암기가 위주인' 2회독을 해야 하는 이유다.

1회독을 끝내고 방학 중반이 되었다면, 이제 여러분은 1회독을 마친 그 교재를 다시 펼쳐야 한다. 다른 교재가 아니라 이미 봤던 그 기본서나 이미 풀었던 그 문제집을 다시 펼치라는 뜻이다. 이렇게 하나의 교재를 세 번씩 보는 것이 '성적을 가장 빨리 끌어올리는 길'이라는 사실은 이미 앞에서 충분히 이야기했다.

2회독을 할 때의 핵심적인 공부 방향은 '교재의 중요한 내용을 암기하면서' 공부하는 것이다. 1회독 단계에서는 교재에 적힌 문장을 이해만 하면 넘어갔지만, 2회독 단계에서는 중요하다고 생각되는 개념이나 자주 틀리는 문제를 암기해야 한다. 그래야 지금까지 공부한 내용이 머릿속에 내 실력으로 남는다. 이 단계에서 암기가 제대로 된다면 나중에 3회독 단계에서는 교재를 읽어 나가는 속도도 매우 빨라지고, 사고력을 키우기도 훨씬 더 쉬워질 것이다.

암기를 시작하기 전에
꼭 알아야 할 것들

    실제로 2회독에서 암기 중심의 공부를 실천하다 보면 몇 가지 궁금한 점이 생길 것이다. 그래서 본격적으로 2회독 단계의 암기 공부법을 소개하기 전에, 여러분이 먼저 알아 두면 좋을 중요한 내용을 설명하려고 한다. 이 내용은 내가 가르쳤던 학생 중에서 실제로 2회독 단계를 실천한 학생들이 보내온 질문과 피드백, 그리고 이들이 공부하면서 겪은 고민을 바탕으로 정리한 것이다. 아직 2회독 암기 공부가 낯선 여러분이 이해하기 쉽도록 아래와 같이 질문과 답변 형식을 통해 설명해 보겠다.

질문① "이해가 안 되는 내용이라도 암기부터 해야 할까요?"

그렇지 않다. 2회독에서도 공부의 기본은 역시 '이해'다. 개념을 이해하지 못했다면 암기를 해도 머릿속에 제대로 남지 않는다. 따라서 2회독에서도 일단 교재의 내용을 이해부터 해야 한다. 내가 2회독에서 암기에 중점을 두라고 한 말은, '2회독에서는 이해만 하는 데서 그치지 말고 암기까지 해야 한다'는 뜻이다.

질문② "이해에다 암기까지 하면 시간이 너무 오래 걸리지 않을까요?"

그렇지 않다. 오히려 1회독을 할 때보다 공부 시간이 줄어들 수도 있다. 왜냐면 1회독 때는 교재의 모든 내용이 처음 보는 것이라서 이해하는 데 오래 걸렸지만, 2회독에서는 교재의 내용이 어느 정도 익숙해졌기에 좀 더 빠르게 읽을 수 있기 때문이다. 게다가 교재의 많은 내용이 이미 머릿속에 들어온 상태이므로 외워야 할 것이 생각만큼 많지 않은 경우가 대부분이다. 그래서 실제 공부 시간은 1회독을 할 때와 거의 비슷하다.

질문③ "교재의 모든 개념을 외워야 할까요?"

그렇지 않다. 중요한 것만 외우면 된다. 2회독에서의 암기는 시험 직전의 암기와는 다르다. 시험 직전에는 부수적인 부분까지 세밀하게 외워야 한다. 그래야 고득점을 얻을 수 있기 때문이다. 반면 지금의 암기는 개념의 중요한 뼈대를 세우는 일이다. 예컨대 영어문법의 핵심 암기 사항이나 수학의 공식, 과학의 주기율표 혹은 국사의 시기별 주요 사건처럼 굵직굵직하고 중요한 내용 위주로만 암기하면 된다.

질문④ "교재의 수많은 내용 중에서 무엇을 외워야 할까요?"

교재를 볼 때 어떤 부분이 중요한지 파악하는 것이 어렵다면 어떻게 해야 할까? 이때는 과감히 찍자. 자신의 감을 믿고 '이번 단원에서는 이것이 가장 중요할 것 같은데?'라는 느낌이 오는 부분을 외우면 된다. 이 부분이 실제로는 중요하지 않을까 봐 걱정할 필요가 전혀 없다.

여러분이 2회독을 할 때 중요하다고 느껴지는 부분은, 실제로 시험문제를 내는 선생님도 중요하게 여기는 부분이다. 참고로 내 경우엔 샤프를 손에 들고 내가 보기에 중요할 것 같은 내용을 별표를 치며 외웠다. 그런데 뒤에 딸린 문제에서 실제로 내가 별표를

친 개념을 물을 때가 많았다. 그럴 때마다 나는 짜릿한 쾌감을 느꼈다. 공부의 재미는 별다른 게 아니다. 이런 작은 재미들이 모여 공부를 지속할 수 있게 만드는 것이다. 여러분도 이런 재미를 한번 느껴 보길 바란다.

질문⑤ "문제를 풀고 암기를 해야 하나요, 아니면 암기를 하고 문제를 풀어야 하나요?"

네 번째 질문에서 '과감히 찍으라'는 조언이 불안하게 느껴지는 학생들도 있을 것이다. 그리고 스스로 중요한 부분을 찍으려고 할 때 '과연 이게 꼭 외워야 할 만큼 중요한 것일까?'라는 의구심이 자꾸만 고개를 들기도 할 것이다. 이런 경우에는 다음과 같이 해 보자.

일단 교재의 개념들을 읽어 보고 여기에 딸린 문제도 풀어 본다. 틀린 문제는 반드시 피드백해야 하는데 바로 이때 암기하는 것이다. 즉 암기부터 하고 문제를 푸는 게 아니라, 문제부터 풀고 암기를 하라는 말이다. 문제로 나온 내용은 당연히 중요한 부분일 테니, 틀린 문제와 관련된 개념만 골라서 암기하면 불안하지 않을 것이고 공부 시간도 절약할 수 있을 것이다.

질문⑥ "교재를 읽으며 바로바로 암기해야 하나요, 다 읽고 나서 따로 암기해야 하나요?"

이것은 뒤의 방법이 더 낫다. 이유는 '계획'을 지킬 확률이 더 커지기 때문이다. 예컨대 국사 교과서를 1시간 동안 열 페이지 공부하기로 계획했다고 하자. 일단 1시간 동안 열 페이지를 읽는다. 이때 암기는 하지 말고 이해하는 것에만 중점을 둔다. 그리고 1시간이 끝나면 대략 10~20분을 더 투자해서 방금 읽었던 내용 중에서 외워야 할 것들을 외운다. 즉, 읽기와 암기를 따로 하는 방식이다. 이렇게 하면 설령 암기를 다 끝내진 않아도 진도 자체는 일단 나간 것이기 때문에 계획을 지킨 것이 되어 전체적인 계획이 무너지는 상황은 발생하지 않는다. 암기는 정해진 시간 동안에 할 수 있는 만큼만 하면 된다.

질문⑦ "암기하다가 예정된 공부 시간을 넘기면 어떻게 해야 할까요?"

교재를 읽고 관련 문제를 풀었다. 그런데 예정된 공부 시간을 모두 사용해서 암기까지 할 시간이 없다. 이럴 때는 어떻게 해야 좋을까? 이런 경우는 차라리 암기를 포기하자. 교재를 이해하고 문제를 풀어 본 것으로 만족하면 된다. 2회독 단계에서 암기하는 것이 중요한 포인트이기는 하지만, 이것이 '교재를 3회독 한다'는 전체 계획보다 중요하진 않다. 그러니 정해진 시간 안에 모두 끝낼 수 없다면 차라리 공부 분량을 줄이는 것이 좋다. 예컨대 각 단원의 연습문제는 빼고 푼다든지, 홀수 번호의 문제들만 골라서 푼다든지, 1시간 공부할 때마다 딱 한 가지만 암기한다든지 이런 여러 가지 방법을 동원해서 공부할 분량을 줄이도록 한다. 그렇게 해서라도 어떻게든 정해진 시간 안에 정해진 단원의 공부를 끝내는 것이 가장 좋다. 완벽하게 공부하려다 계획을 무너뜨리기보다, 완벽하진 못하더라도 정해진 시간까지 정해 둔 진도는 나가라는 뜻이다. 이렇게 해야 3회독 일정이 지켜지기 때문이다.

질문⑧ "암기를 해도 다음 날이면 거의 까먹어요. 다시 외워야 할까요?"

오늘 열심히 외워도 내일이면 많은 부분을 잊어버릴 것이다. 그래도 괜찮다. 내일은 그냥 다음 단원으로 넘어가자. 어제 공부하다 까먹은 것에 자꾸 발목이 잡히면 진도를 나가지 못한다. 어차피 지금은 방학이다. 시험 직전이 아니므로 완벽하게 외워야 할 필요는 없다. 게다가 지금 2회독이 끝나더라도 곧 3회독 단계에 들어가게 될 것이다. 지금 못 외웠더라도 다시 공부하면 그때는 외울 수도 있다. 그러니 암기한 내용을 잊어버리는 것을 너무 두려워하지 말자. 그냥 빠르게 진도를 나가는 편이 훨씬 더 낫다.

질문⑨ "수학 문제집을 풀 때 문제도 암기해야 할까요?"

기본서가 아니라 '문제집'을 3회독 하는 학생들이 있다. 게다가 그 문제집이 수학 문제집이라면 개념에 대한 설명은 별로 없고 대부분 문제로만 채워져 있을 것이다. 이런 경우는 2회독에서 무엇을 암기하라는 것일까?

이런 경우라면 암기에 신경 쓰지 말고 그냥 풀면 된다. 이미 풀어 본 문제집을 또 풀어 본다는 방법 자체가 일종의 암기이기 때문이다. 다만 문제를 풀고 나면 '3초 리뷰'는 꼭 해야 한다. 문제를 풀고 답을 매긴 후에 자신이 풀었던 과정을 '3초간' 떠올려 보는 것이다.

'이 문제는 이게 힌트였고, 그래서 내가 이 공식을 떠올렸어. 그러니까 이렇게 답이 나왔지!'

이런 식으로 3초만이라도 자기가 풀었던 문제에 관해서 짧은 리뷰를 하면 풀이법이 머릿속에 확실히 남을 것이다. 그러면 다음에 비슷한 문제가 나왔을 때도 풀이법이 쉽게 떠오른다.

질문⑩ "외울 것이 너무 많아요. 어떻게 하면 쉽게 암기할 수 있을까요?"

이 질문에 대한 대답이 지금부터 내가 이야기할 내용이다. 일단 자신감부터 가지길 바란다. 암기는 지능이 아니라 기술이 더 중요하기 때문이다. 머리가 좋은 것은 사실 암기와 큰 상관이 없다. 물론 좋은 머리를 타고난 사람은 암기하는 데 걸리는 시간도 조금은 줄일 수 있을 것이다. 그러나 암기 기술로 쉽게 뒤집을 수 있을 정도로 작은 차이일 뿐이다. 지금부터 이야기할 암기 기술들을 2회독 단계에서 실천한다면, 확신하건대 공부 시간을 적게 들이고도 큰 효과를 거둘 수 있을 것이다.

암기가 저절로 되는 원리와
'덩어리 암기법'

'암기'라는 말을 들으면 갑자기 가슴이 답답해질 것이다. 그 이유가 무엇일까? 암기하는 능력이 부족해서일까? 암기할 시간이 도저히 없어서일까? 부분적으로는 맞지만, 근본적인 이유는 아니다. 암기가 힘든 가장 큰 이유는 '외워야 할 것들이 너무 많아서'이다.

한 가지만 암기하는 건 그리 어렵지 않다. 아무리 어려운 단어라도 단어 하나를 수십 번 쓴다면 결국에는 외울 수 있다. 그러나 매일 50개의 단어를 꼬박꼬박 외워야 한다면, 이때는 이야기가 달라진다. 영어단어뿐만 아니라 수학공식, 국사 연도, 주기율표 등 다른 과목에서도 외워야 할 것들이 쏟아진다. 결국 우리를 힘들게 하는 것은 암기할 내용이 너무 많다는 사실 그 자체다.

그런데 상상해 보자. 어떤 마법사가 지팡이로 나의 머리를 톡 쳤더니 마법이 일어났다. 그래서 앞으로 고등학교를 졸업하기 전까지 외워야 할 것들이 3분의 1, 또는 5분의 1로 줄어들었다! 바꿔 말하면 딱 이것만 외워도 모두 다 외운 다른 사람들과 똑같은 실력이 된다는 뜻이다. 그렇다면 이것은 우리가 꼭 얻고 싶은 능력이 될 것이다. 이것만으로 우리는 인생에서 원하는 목표를 쉽게 이룰 수 있을 테니까.

이 마법 같은 방법이 내가 지금부터 이야기할 내용이다. 바로 우리 뇌의 속성을 이용한 '덩어리(Chunking) 암기법'이다.

암기가 쉬워지는 '덩어리 암기법'

일단 암기법의 원리부터 설명하기 위해서 간단한 테스트를 해 보겠다. 아래 숫자를 한 번만 흘깃 본 다음, 눈을 들어 방금 보았던 숫자를 머릿속에 떠올려 보자.

975

어떤가? 잘 떠오르는가? 아마 어렵지 않게 성공했을 것이다. 이제 조금 더 긴 숫자로 테스트해 보겠다. 아래 숫자를 아까처럼 한 번만 본 후, 눈을 들어 머릿속에 떠올려 보자.

87654

숫자가 많아졌지만 이번에도 그리 어렵지 않게 떠올릴 수 있었을 것이다. 이제 마지막 숫자를 보여 주겠다. 아까보다 숫자가 더 길어질 텐데, 조금 부담스럽게 느껴지더라도 일단 시도해 보길 바란다. 역시 한 번만 보고 나서 눈을 들어 머릿속에 떠올려 보자.

6982075438

이번에는 어떤가? 성공했는가? 사실 이 테스트는 실패했느냐 성공했느냐가 중요한 게 아니다. 그보다는 마지막 숫자가 그 전의 두 숫자보다 기억하기 어려운 이유가 중요하다. 그리고 마지막 숫자를 기억하는 데 성공했다면 그렇게 할 수 있었던 이유가 더 중요하다. 이 간단한 테스트는 우리의 뇌가 가진 중요한 속성 두 가지를 말해 주고 있다.

첫째, 우리의 뇌는 특별한 의미가 없는 정보인 경우, 다섯 개가 넘어가면 기억하기 어려워한다. 975든 87654든 다섯 자리 이내라면 쉽게 저장하고 금세 떠올릴 수 있다. 그러나 6982075438같이 의미 없는 정보가 다섯 개를 넘어가면 우리 뇌에는 과부하가 걸린다. 마지막 숫자를 보자마자 여러분이 '헉!' 하고 당황한 이유도 이런 과부하의 증상이다.

더 중요한 포인트가 있다. 마지막의 긴 숫자를 외우는 데 성공한 사람들도 통째로 외우지는 않았다는 사실이다. 만약 여러분 중에 이 긴 숫자를 외운 사람이 있다면, 아마도 6982075438라는 숫자를 몇 개씩 '끊어서' 읽었을 것이다. 69~ 820! 75~ 438! 이런 식으로 '리듬감 있게' 읽었을 것이다. 그리고 숫자를 보지 않고 떠올릴 때 방금 자신이 만들었던 '그 리듬'을 기억해서 열 개의 숫자를 재생시켰을 것이다.

'두문자'를 활용해서 덩어리로 묶어 보기

이 원리를 통해 우리는 어떻게 해야 효율적으로 암기할 수 있는지를 깨달을 수 있다. 일단 암기는 하나의 덩어리로 묶어서 해야 한다. 첫 번째 숫자 975를 외웠을 때를 생각해 보자. 그때 여러분의 뇌는 각각의 숫자 9, 7, 5 세 개를 따로따로 암기하지 않았다. '구칠오'라는 하나의 단어로 외웠다. 덩어리로 묶어서 외우면 우리의 뇌는 이 덩어리를 하나로 인식해서 통째로 저장한다. 이런 속성을 이용해서, 외울 것이 아무리 많아도 덩어리만 잘 묶으면 된다. 이렇게 하면 외울 것이 확 줄어든다.

이 덩어리 속에 들어 있는 정보들은 3~5개 정도가 가장 적절하다. 그 이상이 되면 우리 뇌에는 과부하가 걸린다. 전화번호를 한번 떠올려 보자. 어떤 번호든지 1588-××××처럼 각각 네 자리를 넘어가지 않는다. 다섯 자리가 넘어가면 '-' 기호를 붙여서 끊어 준다. 010-123-4567처럼 나눠야만 기억하기 쉬우므로 전화번호 시스템을 만든 사람들이 애초부터 이렇게 설계한 것이다.

이 방법의 실제 예를 들어 보겠다. 국사 교재를 보고 다음과 같이 외울 것들을 정리했다고 하자.

고려시대의 정치 조직
— 도병마사·식목도감·중서문하성·상서성·중추원·삼사·어사대

'고려시대의 정치 조직' 속에 몇 개의 정보가 있는가? 무려 일곱 개다. 따라서 이건 두 덩어리 이상으로 나눠야 한다. 그렇다면 어떤 기준으로 나누는 것이 좋을까? 교재를 꼼꼼히 읽은 학생이라면 '도병마사'와 '식목도감'을 하나로 묶어야 한다는 것을 잘 알고 있을 것이다. 왜냐하면 이 둘은 우리나라 고유의 제도이지만, 나머지는 중국의 영향을 받아서 만든 제도이기 때문이다. 게다가 이 둘은

고려시대가 '귀족정치 사회'라는 특징을 잘 드러내는 중요한 제도들이다. 따라서 하나의 덩어리로 묶는다.

이 정보를 외우는 방법으로 가장 유용하면서도 흔한 방법은 역시 '두문자(첫머리에 오는 글자)'다. 앞 글자를 따서 '고려 귀족은 도식(도병마사, 식목도감)적인 것을 좋아해!'라고 외우면 여간해서는 잘 잊히지 않는다. 나머지 다섯 개도 두문자를 모아 이리저리 단어를 만들어 보자. 참고로 나는 '중상(중서문하성, 상서성)을 입은 중3(중추원, 삼사)학생이, 어!(어사대) 하고 소리쳤다'라는 식으로 외웠다. 고민해 보면 다른 방식도 얼마든지 가능할 것이다.

이처럼 외울 것이 여러 개 있다면 덩어리를 만들자. 이때 덩어리 속에 들어 있는 정보는 3~5개로 제한하도록 한다. 물론 주기율표처럼 어쩔 수 없이 열 개가 넘어가는 것은 그대로 외울 수밖에 없겠지만, 그 밖에 다른 것들은 이 규칙을 꼭 활용하기를 추천한다. 그러면 우리의 두뇌는 한 가지만 외우는 것으로 인식하기에 암기도 그만큼 쉬워진다.

'초두효과'와 '최신효과'로
쉽게 암기하는 법

캠브리지대학의 연결구과에 따르면 한 단어 안에서 글들자이 어떤 순대서로 배되열는지었는 중하요지 않고, 처음 글자와 마지막 글자가 올바른 위치에 있는 것이 중하요다고 한다. 나머지 글들자은 완전히 엉진망창의 순서로 되어 있지을라도 당신은 아무런 문없제이 그 단어를 읽을 수 있다.

여러분은 방금 읽은 문단의 내용을 이해했는가? 그렇다면 위의 문단을 다시 정확히 한 글자씩 읽어 보자. 글자가 엉망진창으로 배열되어 있다. 그런데도 아마 여러분은 별문제 없이 글을 읽고 이해했을 것이다. 어떤 학생들은 글자의 배열이 이상하다는 사실조차 알아차리지 못했을 수도 있다.

이것은 우리 두뇌의 속성 때문이다. 인간의 두뇌는 어떤 정보를 받아들일 때 정보의 모든 부분을 체크하지 않고, 처음과 끝부분만 입력하려는 경향이 있다. 중간의 빠진 부분은 자신의 기억 창고에서 가져와서 빠르게 메워 넣는다. 이렇게 해서 머릿속에 정보가 입력되는 속도를 높이는 것이다.

초두효과와 최신효과를 공부에도 접목하자

처음에 본 것이 자기도 모르게 인상에 강하게 남는 현상을 '초두효과'라고 한다. 첫인상이 중요하다는 말도 여기에서 나온 것이다. 그래서일까? 새 학기가 시작되면 담임 선생님들은 반 아이들에게 자신이 원하는 첫인상을 심어 주려고 노력한다. 엄격한 이미지나 친근한 이미지를 보여 주려 하는 것이다. 물론 머지않아 담임 선생님의 실제 모습이 첫인상과 같지는 않다는 것을 학생들이 깨닫겠지만, 그래도 처음 이미지가 굉장히 오랫동안 기억에 남는다는 사실을 선생님들은 잘 알고 있다.

반대의 효과도 있다. 바로 '최신효과'인데, 마지막에 접한 정보가 기억에 오래 남는 원리다. 이것은 여러분이 이성 친구를 만날 때 활용하면 좋은 법칙이다. 예를 들어 데이트를 끝내고 헤어질 때 반드시 한 번 이상 뒤돌아보자. 그때 서로 눈이 마주친다면 반드시 활짝 웃어라. 고운 미소로 마무리된 장면은 상대방의 인상에 강하게 남아서 여러분이 데이트 중간에 저질렀던 자잘한 실수나 잘못을 덮어 줄 것이다.

초두효과와 최신효과는 어떤 과목, 어떤 종류의 공부를 하든 적용할 수 있다. 『박철범의 하루 공부법』에서 내가 말했던 '수업 시간 전후에 짧게라도 예습과 복습을 하라'는 조언도 같은 이치다. '아침에 일찍 일어나 공부할 때, 평소에 자신이 가장 어려워하는 부분을 공부하는 것이 좋다'는 조언은 초두효과를 이용한 것이다. 하루를 처음 시작할 때 공부한 것은 기억에 오래 남기 마련이다.

도무지 안 외워진다면 '순서'를 바꾸자

한두 시간 단위의 공부에도 이 원리를 적용할 수 있다. 한 단원을 공부하거나 정해진 문제를 모두 풀고 나면 그대로 공부를 끝내지 말고, 반드시 1~2분이라도 지금까지 공부한 것들을 빠르게 다시 훑어보는 것이다. 우리의 뇌는 공부한 시간 동안 접했던 모든 정보를 기억하지 않고, 주로 마지막 5분 동안에 본 것들을 장기기억으로 남기기 때문이다.

이 원리는 공부의 다른 부분에도 얼마든지 응용할 수 있다. 어떤 내용이 잘 안 외워진다면, 그 부분을 처음과 끝에 두는 것이 좋다. 만약 과학 공부를 하면서 세 가지의 해저지형인 해구·해령·해산을 외웠다고 치자. 그런데 중간에 있는 해령을 자꾸 잊는다면? 이럴 경우 초두효과나 최신효과를 이용해서 처음이나 마지막으로 옮기는 것이 좋다. 해령·해구·해산 이런 식으로 잘 외워지는 자리로 옮기는 것이다. 처음에 공부한 것이나 마지막에 공부한 것이 기억에 가장 강하게 남는다는 원리를 이용하면, 이처럼 잘 외워지지 않는 부분도 머릿속에 쉽게 저장할 수 있다.

암기할 게 많을 땐
'결합암기법'

앞에서 덩어리 암기법을 이야기하며 외워야 할 것들이 너무 많으면 3~5개씩 묶으라고 조언했다. 그런데 공부하는 내용에 따라서는 이 방법을 쓰기가 힘든 경우도 있다. 외울 것이 한 덩어리 안에 너무 많이 있는 경우다.

이때는 어떻게 하는 것이 좋을까? 이런 경우 실전에서 활용할 수 있는 방법이 바로 '결합암기법'이다. 결합암기법은 익숙한 정보와 익숙하지 않은 정보를 결합하는 방법이다.

익숙한 정보와 익숙하지 않은 정보를 결합하자

우리의 뇌가 무엇이든 하나만 기억하는 경우는 드물다. 반드시 둘 이상의 정보를 짝지어서 저장한다. 그래서 잔디 냄새를 맡으면 어릴 적에 소풍 간 기억이 떠오른다거나, 어릴 적 졸업한 초등학교 정문을 보면 예전의 추억이 저절로 생각나기도 한다. 이처럼 뇌는 여러 가지 정보를 하나로 묶어서 저장한다. 이런 원리를 이용하면 외울 것이 아무리 많더라도 쉽게 머릿속에 저장할 수 있다.

예를 들어 보자. 지금 당장 계절별로 바뀌는 별자리를 외워야 한다. 일일이 두문자를 따서 외우자니 시간도 없고 만들기도 귀찮다. 또 다른 좋은 방법은 없을까? 이럴 때 결합암기법을 활용해 보자. 별자리는 우리에게 익숙하지 않은 정보다. 그렇다면 우리에게 익숙한 정보에는 무엇이 있을까? 지금 다니는 학교의 구조를 이용하면 어떨까? 여러분은 아마 학교 현관을 들어서면 오른쪽에 몇 학년 몇 반이 있는지, 그 옆에는 또 어떤 반이 있는지 쉽게 떠올릴 수 있을 것이다.

우선 2학년 1반을 봄이라는 계절과 결합한다. 각 반에 세 개의 분단이 있다면 여기에는 별자리를 결합한다. 1분단은 처녀자리, 2분단은 사자자리, 3분단은 목동자리 같은 식이다. 그 옆 반인 2학년 2반은 여름이라는 계절과 결합한다. 1분단은 백조자리, 2분단은 독수리자리, 3분단은 거문고자리 같은 식으로 결합해 나간다. 결합

암기법은 익숙한 것과 익숙하지 않은 것을 결합하는 방법인 만큼 얼마든지 내 마음대로 응용이 가능하다.

우리에게 익숙한 것에는 또 무엇이 있을까? 우선 자신의 방이 있을 것이다. 누구라도 자신의 방 구조는 쉽게 떠올릴 수 있으니 낯선 것과 결합하기에 좋은 재료다. 만약 관다발의 각 부분을 외워야 한다면 내 방의 책상 서랍을 떠올리자. 첫 번째 서랍은 '물관', 두 번째 서랍은 '체관', 세 번째 서랍은 '형성층', 이런 식으로 결합해서 외워 보자.

신체 부위나 좋아하는 연예인을 활용하자

다른 것들도 충분히 결합 재료가 될 수 있다. 내가 가장 자주 이용하는 건 신체 부위다. 사람의 신체 부위는 매우 다양해서 100가지 이상의 정보도 결합할 수 있다. 눈만 하더라도 눈썹·눈동자·흰자위·위 눈꺼풀·아래 눈꺼풀·아랫눈썹 등 매우 다양한 부위가 있다. 그러니 결합할 익숙한 정보가 마땅히 생각나지 않을 때는 내 몸을 이용하는 것이 가장 좋다. 평소 자신이 좋아하는 연예인을 떠올리면 효과는 더 좋아진다.

예를 들어 근초고왕의 업적을 암기한다고 가정해 보자. 오른손은 근초고왕을 의미한다. 이렇게 결합하는 이유가 있어야 하는 건 아니다. 그저 결합만 하면 된다. 근초고왕의 여러 업적 중에서 '왕위 부자상속'을 엄지손가락에 결합한다. 검지에는 '마한 전 지역 확보'를, 중지에는 '고구려(황해도) 공격'을, 약지에는 '중국 요서 지방·산둥 지방 공격'을, 소지에는 '일본 규수 진출'을 결합한다. 만약 결합해야 할 정보들이 남아 있다면 또 다른 신체 부위에 각각 결합한다.

정보를 모두 결합했다면 이제 교재를 보지 않고 오른손만 쳐다본다. '엄지가 뭐였지? 아, 맞다! 왕위 부자상속!' 이런 식으로 몇 번만 연습하면 된다. 나중에 문제를 풀 때 근초고왕의 업적을 떠올려야 하는 순간이 온다면? 오른손을 들어 보자. 정말 신기하게도 다섯 개가 모두 생각날 것이다!

생소한 단어를 외울 땐 '어휘변형법'

공부를 하다 보면 외워야 할 정보 중에서 단어 자체가 무척 생소한 경우가 있다. 이런 단어는 한번 외웠다 하더라도 나중에 다시 떠올리기가 쉽지 않다. 자꾸 혀끝에서만 맴돌고 입 밖으로 잘 나오지 않는다. 이런 경우는 어떻게 해야 할까?

예를 들어 다음 정보를 외운다고 가정해 보자.

바젤협약: 유해폐기물의 국가 간 이동에 관한 협약

몬트리올의정서: 오존층 파괴물질의 사용 제한에 관한 협약

일단 유해폐기물의 국가 간 이동에 관한 협약은 바젤협약이라는 사실을 외워야 한다. 문제는 '바젤협약'이라는 단어가 생소해서 머릿속에 입력하기가 어렵다는 점이다. 게다가 뒤이어 나오는 '몬트리올의정서'와도 혼동이 일어나서 실제 시험에서 쉽게 헷갈릴 것 같다. 이런 경우 어떻게 암기하는 것이 좋을까?

단어를 쪼개고, 비틀고, 변형시키자

이럴 때 사용할 수 있는 방법이 바로 '어휘변형법'이다. 이 방법은 생소한 단어를 '쪼개서' 쉬운 이미지로 바꾸는 것이다. 나는 '바젤'이라는 글자를 '바르는 젤리'로 쪼갰다. 비록 '바젤'이라는 두 글자에서 '바르는 젤리'라는 다섯 글자로 늘어났지만 이게 외우기에 더 좋다. 우리의 뇌는 간단하지만 생소한 단어보다 조금 길더라도 익숙한 단어를 더 잘 기억하기 때문이다. 이후부터는 '바르는 젤리'를 떠올리면 '바젤'이라는 글자로 쉽게 되돌아갈 수 있을 것이다.

그러나 여기서 끝이 아니다. '바르는 젤리'를 '유해폐기물의 국가 간 이동에 관한 협약'이라는 정보와 연결해야 한다. 어떻게 연결하는 것이 좋을까? 가장 좋은 방법은 여러분의 눈앞에 그림이 그려지듯 생생한 장면을 만들어 보는 것이다. 나는 이렇게 했다.

'몸에 바르면 예뻐지는 젤리인 줄 알고 발랐는데, 그게 사실 유해폐기물이어서 피부가 뒤집어졌다!'

황당하지만 기억에 확실히 남는다. 아니, 황당할수록 오히려 기억에 잘 남는다. 이렇게 연결해 놓으면 '바젤협약'이라는 단어만 봐도 '유해폐기물'이 생각날 것이다. 그 반대의 경우도 마찬가지로 쉽게 재생될 것이다. 이것이 어휘변형법이다.

그렇다면 예시에서 두 번째 정보인 '몬트리올의정서'를 이런 식으로 연결하는 연습을 해 보자. 여기에 딱히 정답은 없다. 그저 단어를 쪼개고 이미지와 연결하면 된다. 기억에 확실히 남으면 그게 곧 정답이다. 참고로 나는 이렇게 했다. 먼저 '몬트리올'이라는 어휘를 쪼갠 후 '먼지 털어!'라는 익숙한 단어로 변형시켰다. 그 후 대기권의 오존층이 마치 먼지구름과 같은 모습이라고 상상했다. 이렇게 하니 두 정보가 딱 붙어서 암기가 됐다. 그 후로는 '몬트리올'만 봐도 '오존층 파괴물질'이 떠올랐고, 반대의 경우도 역시 쉽게 떠올랐다.

이런 식으로 하면 된다. 만약 여러분이 공부하다가 어려운 용어를 외워야 한다면 이것을 쪼개고, 비틀고, 변형시키자. 그래서 자신이 이미 아는 유사한 단어로 바꾸는 것이다. 그 후에 이 단어와 결합해야 할 정보를 하나로 묶어서 이미지를 만들자. 그러면 절대로 잊어버리지 않는다.

한 번 본 내용도
오래 기억하는 방법

방금 벗어 놓은 안경을 찾지 못해 쩔쩔맨 적이 있는가? 아까 분명 옆에 뒀던 TV 리모컨을 찾느라 분주하게 온 집 안을 뒤진 적이 있는가? 방 안 어디엔가 있을 스마트폰을 찾지 못해 자기 번호로 전화를 걸어야만 했던 적이 있는가? 이런 일이 여러분의 인생에서 더는 발생하지 않게 하는 비결을 알려 주겠다.

그 비결은 바로 '20초의 마법'이다. 만일 집으로 돌아와서 스마트폰을 TV 위에 올려 뒀다면, 그저 스마트폰을 20초간 바라보자. 이것으로 충분하다. 그러면 스마트폰을 어디 뒀는지 절대 잊어버리지 않는다.

외워야 할 정보를 20초 이상 바라보자

이것은 인간의 두뇌 속성을 이용한 간단한 원리다. 인간이 무언가를 기억하는 능력은 단기기억력과 장기기억력으로 나뉜다. 우리가 도로에 지나가는 자동차를 바라본다고 가정해 보자. 일단 자동차의 번호판이 우리 눈에 먼저 입력될 것이다. 이렇게 눈으로 입력된 정보는 대뇌로 들어간다. 이곳이 단기기억이 머무는 곳이다. 하지만 대뇌는 우리에게 불필요한 정보는 저장하지 않고, 몇 초 뒤 자동으로 영상을 삭제한다. 그래서 우리는 방금 지나간 자동차 번호판을 기억하지 못하는 것이다.

그러나 만약 우리가 어떤 자동차의 번호판을 '20초 동안' 유심히 바라본다면 상황이 달라질 것이다. 일단 대뇌가 깜짝 놀란다.

'왜 이걸 나에게 계속 입력하는 거야? 중요한 정보인가 봐! 알겠어. 장기기억으로 넘길게!'

이런 식으로 대뇌는 단기기억을 장기기억으로 넘긴다. 어떤 정보를 외우는 방법, 오래 기억하는 방법은 생각보다 아주 쉽고 단순하다. 일단은 20초 이상 바라보기만 하면 된다. 이것을 증명하는 실제 연구 결과도 있다.

많은 뇌과학자의 연구 결과에 의하면 인간의 단기기억력은 20초를 넘지 못한다고 한다. 바꿔 말해서 만약 우리가 어떤 것에 관해 20초 이상 생각한다면 이것이 더는 단기기억이 아니라는 말이다.

장기기억으로 넘어간 후에는 계속해서 머릿속에 남을 확률이 증가한다. 따라서 어떤 것을 기억에 남기고 싶다면 20초 이상 바라봐야 하고, 그러는 동안 이것에 관해 계속 생각해야 한다. 물론 60초를 바라봐도 된다. 핵심은 최소한 20초는 넘기는 것이다.

그런데 내 주위를 보면 많은 학생이 이걸 제대로 하지 않는다. 교재를 읽을 때 한 줄당 고작 1~2초씩 투자하며 빠르게 읽으려고만 한다. 분명 머릿속에 입력이 제대로 되지 않을 텐데도 그저 빠르게 페이지를 넘기고 싶어 한다. 자신이 넘겼던 페이지 수, 풀었던 문제 수만큼 실력이 는다고 생각하기 때문이다. 그러나 이것은 인간의 본성에 반하는 공부 방법이다. 우리 뇌는 한 가지를 오래 바라볼 때, 그리고 깊이 생각할 때 확실히 각인하도록 만들어졌다.

최고의 암기법은 암기할 내용을 줄이는 것이다

지금까지 나는 암기를 잘하는 여러 가지 비결을 이야기했다. 덩어리 암기법, 어휘변형법 같은 다양한 기술도 소개했다. 그러나 이런 방법들도 어떻게 보면 '도저히 안 되면 사용하는 최후의 방법'이라 할 수 있다.

암기의 첫 번째 단계는 '그저 20초간 바라보는 것'이다. 물론 아무런 생각 없이 그냥 쳐다보는 것을 의미하지는 않는다. 적어도

20초 동안 이 정보를 머릿속에서 계속 되뇌어야 한다. 이렇게 했는데도 머릿속에 남지 않는 것들이 있다면, 비로소 두 번째 단계로 넘어가서 덩어리 암기법이니 어휘변형법이니 하는 기술들을 써서 외우는 것이다. 따라서 외우고 싶은 것이 있으면, 일단은 시간을 투자해서 같은 문장을 되뇌고 또 되뇌어야 한다.

"프랑스혁명은 1789년, 음, 그러니까 프랑스혁명은 1789년에 발생했다고. 뭐라고? 1789년! 뭐가? 프랑스혁명이! 결국 프랑스 시민혁명은 1789년이라 이거지."

이런 식으로 계속 생각하면서 최소 20초는 투자한 뒤에 비로소 다음의 정보로 넘어가야 한다. 두문자를 만든다거나 결합암기법을 사용하는 것에는 조금 게으름을 피우더라도 이 과정만큼은 절대 소홀히 하지 않았으면 좋겠다. 여러분이 이것만 제대로 실천해도 외워야 할 내용이 최소한 절반 이상은 줄어들 거라고 확신한다. 그러니 꼭 기억하자. 최고의 암기법은, 바로 암기할 것을 최대한 줄이는 것이다.

외운 것을 잊지 않는
휴식의 기술

어떤 사람들은 '충분한 휴식과 수면이 암기한 내용을 오래 유지하는 방법이다!'라고 말한다. 과학적으로는 맞는 말이다. 실제로 우리 두뇌는 잠을 자는 동안 그날 입력한 정보들을 차곡차곡 정리한다. 그러나 이 조언은 방학 기간에는 해당하지 않는다. 왜냐면 방학을 보내는 학생들은 지나친 잠 또는 게으름과 싸워야 하는 상황이기 때문이다. 휴식을 충분히 취하지 못해서 암기에 지장을 초래하는 경우는 거의 없다. 게다가 '충분한 휴식이 중요하다'는 사실을 게으름 피우는 현실을 정당화하는 핑곗거리로 사용하기 쉽다. 이런 일이 잦으면 공부를 열심히 하려는 의지도 점차 사그라지고 만다.

암기 효율을 높이는 세 가지 휴식법

방학 기간의 휴식에 관해서는 세 가지 원칙을 이야기하고 싶다. 이제부터 설명할 내용을 꼭 기억하고 실천해 보길 바란다.

첫째, 공부 사이사이의 휴식은 15분을 넘기지 말아야 한다. 사람의 몸에도 관성이 있다. 그래서 공부를 시작할 때는 집중이 쉽지 않아도, 일단 참고 계속하다 보면 관성이 생겨서 금세 집중이 된다. 반대로 휴식이 길어지면 관성이 생겨서 공부로 되돌아가기가 어려워진다. 그리고 애써 외운 지식이 긴 휴식 시간 동안 일어난 일들에 덮여서 쉽게 사라진다. 지친 머리를 쉬기 위해서 휴식은 꼭 필요하지만, 그 시간은 가급적 15분을 넘겨서는 안 된다. 그래야 공부하던 관성을 계속 유지할 수 있다.

둘째, 공부 사이의 휴식 시간에는 아무것도 하지 말아야 한다. 어떤 학생은 잠깐 머리를 식히겠다며 스마트폰을 꺼내서 메시지를 확인하거나, 게임을 하거나, 인터넷 기사를 읽는다. 그러나 이런 건 엄밀히 따지자면 휴식이 아니다. 왜냐면 휴식은 말 그대로 머리를 쉬게 하는 것인데, 이런 활동들은 재미는 있겠지만 머리를 오히려 더 많이 써야 하기 때문이다. 이건 휴식이 아니라 노는 것이다. 공부가 끝난 뒤에 하는 것이다. 공부 사이의 휴식 시간에는 머리를 그저 쉬게 해야 한다. 가볍게 걷거나, 화장실을 다녀오거나, 스트레

칭을 하거나, 음료수를 마시는 것들이 진정한 휴식이다. 이렇게 휴식하다 보면 방금 암기했던 많은 내용이 하나씩 정리가 되는 느낌이 들 것이다. 휴식을 통해서도 공부를 하는 셈이다.

셋째, 공부 시작 5분 전부터는 공부에 관해서만 생각하자. 스마트폰을 만지작거리다가 갑자기 공부에 집중할 수 있을까? 불가능하다. 추운 겨울에 온수를 틀면 따듯한 물이 금방 나오지 않는다. 보일러가 돌아가는 시간이 필요하기 때문이다. 인간의 머리도 집중하기 위해서는 예열이 필요하다. 만약 9시부터 공부를 시작할 예정이라면 적어도 8시 55분부터는 공부에 관해 생각해야 한다. 그래야 머리가 서서히 달아오르고 집중할 준비가 된다. 이때 '공부에 관한 생각'이라는 것은 '공부해야 하는데……' '아, 공부하기 싫다!' 이런 생각을 뜻하는 것이 아니다. 5분 뒤부터 공부할 교재의 구체적인 내용에 관해 생각하라는 의미다.

'지금까지 곱셈 공식을 외웠고, 이제 인수분해 공식을 외울 차례지? 어려울까? 아닐 거야. 곱셈 공식과 인수분해는 결국 방향만 반대일 뿐이니까 많은 부분이 중복될 거야.' 이런 식으로 최소한 공부 시작 5분 전부터 머리로 공부에 관해 생각하면 자리에 앉자마자 곧바로 집중할 수 있다. 이렇게 휴식 시간을 마무리하면 그다음 공부 시간의 암기 효율도 극대화할 수 있다.

5장

공부 3력 중
'사고력'을
높이는 방법

어떠한 어려운 문제도 지속적인 생각의 공격은 버텨 내지 못한다.

볼테르

3회독에서는
사고 중심으로 공부하라!

성적이 항상 70~80점대에서 왔다 갔다 하는 학생들이 많다. 본인도 무척 답답할 것이다. 지긋지긋한 중위권을 탈출해서 90점 이상을 받고 싶은데, 가끔은 만점도 받고 싶은데 아무리 열심히 해도 그게 잘 안 된다. 이런 학생들에게는 한 가지 확실한 특징이 있다. 시험을 치르면 기본적인 개념은 잘 알고 있기에 쉬운 문제는 맞히지만 어려운 문제는 여지없이 틀리는 것이다.

이런 학생들의 머리 위에는 마치 '유리 천장'처럼 눈에 보이지 않는 한계가 생긴 상태다. 실력의 성장을 막는 유리 천장을 어떻게 하면 부술 수 있을까? 분명 노력만이 답은 아니다. 그들은 이미 충분히 노력하고 있기 때문이다. 이런 학생들이 만점을 받을 수 있는 비결은 바로 딱 하나, '사고력'이다.

사고력은 고난이도 문제를 풀어내는 핵심 능력이다

사고력이란 무엇일까? 사고력은 말 그대로 '생각하는 능력'이다. 이게 왜 필요할까? 여러분이 지금까지 치렀던 시험들을 한번 떠올려 보자. 어떤 시험이든지 대개 앞번호의 문제들은 어렵지 않게 출제된다. 이 문제들은 단순한 계산 문제거나 교재의 중요한 내용에 대해 쉽게 묻는 문제다. 이런 문제가 측정하려 하는 것은 '기본적인 공부 능력'이다. 이 과목에서 중요한 내용을 확실하게 이해했는지, 외워야 할 것들을 확실하게 암기했는지를 보려는 것이다. 따라서 보통의 이해력과 암기력, 그리고 적당한 노력만 있다면 어떤 과목도 80점까지는 어렵지 않게 받을 수 있다.

그런데 시험지의 뒤쪽으로 갈수록 문제가 조금씩 어려워진다. 예컨대 새로운 풀이법을 그 자리에서 생각해 내야 하는 문제라든가 보기에서 제시한 논리 구조를 순간적으로 이리저리 응용할 줄 알아야 하는 문제 등이 그 대표적인 예다. 이런 문제까지 맞혀야 90점 이상, 또는 만점까지 받을 수 있다.

이런 문제는 이해력과 암기력만으로 맞힐 수 있는 게 아니다. 시험지를 받아 든 순간 '생각하는 능력'을 발휘해야만 맞힐 수 있다. 이것이 바로 사고력이다. '문제응용력', '종합적 분석력' 등으로 부르기도 하는데, 결국 다 같은 말이다. 머릿속 지식을 문제에 그저 대입만 하는 것이 아니라, 문제를 푸는 자리에서 바로 개념을 이리저리 응용해 보는 능력이다.

사고력이 높은 학생은 시험을 칠 때도 고난이도 문제를 아주 쉽게 풀어낸다. 새로운 풀이과정을 떠올리거나, 문제의 의도와 함정을 세밀하게 파악하거나, 머릿속에 들어 있는 지식을 이리저리 짜 맞춰서 문제에서 요구하는 결론에 쉽게 닿는다. 따라서 70점대의 학생이 80점 이상을 받으려면 이해력과 암기력이 중요하지만, 80점대의 학생이 90점대나 만점을 받으려면 사고력이 핵심적이다.

사고력은 3회독 공부법을 통해서 길러진다

그렇다면 사고력은 어떻게 기를 수 있을까? 좋은 문제집을 풀면 되는 걸까? 실제로 주변 서점에 가보면 사고력을 길러 준다는 문제집들을 흔히 볼 수 있다. 그런데 이런 문제집들을 살펴보면 그저 어려운 문제를 모아 놓기만 한 경우가 대부분이다. 나도 한때는 이런 문제집에 혹하여 사서 풀어 본 적이 있다. 그러나 대개 실패로 끝났다.

어려운 문제만 풀다 보니 이내 지쳐 버린 것이다. 문제가 잘 풀리지 않으니까 재미도 없고, 진도도 계속 느려졌다. 하나하나 해설을 보며 공부하자니 자괴감만 쌓였고 결국에는 포기하고 말았다. 이런 교재들은 사 봤자 결국에는 1단원도 다 못 푼 채로 책꽂이에서 먼지만 쌓일 것이다.

사고력은 어려운 문제집을 풀면서 길러지는 것이 아니다. 그보다는 같은 교재를 세 번째 볼 때 길러지는 것이다. 다시 말하면 사고력을 키우는 교재가 따로 있는 것이 아니다. 어떤 교재를 보더라도 3회독 단계에서 그 능력이 자연스럽게 길러지는 것이다.

3회독에서는 1회독에서 기본적인 이해에 치중하느라 놓쳤던 자잘한 내용이 눈에 들어오기 시작한다. 3회독에서는 2회독에서 암기에 치중하느라 놓쳤던 개념의 중요한 뼈대가 세워진다. 게다가 3회독에서는 '내가 예전에 공부한 것을 다시 공부하는 것'이라는 여유와 자신감이 생긴다. 따라서 어떤 부분에 대해 궁금한 점이 생겼을 때 의욕을 갖고서 깊이 생각해 볼 수 있다.

마지막으로, 3회독에서는 공부가 정말 '재미있다'. 공부하다가 궁금한 점이 생겨도 이제는 기본적인 내용이 머릿속에 충분히 들어 있기 때문에 정답을 찾기가 쉽다. 머릿속 정보들을 조합하거나 이 정보들을 바탕으로 교재를 깊이 있게 읽다 보면 결국 스스로 정답을 찾아내게 되는 것이다.

　문제집의 경우도 그렇다. 1회독에서는 아무리 해설을 꼼꼼히 읽어도 이해가 안 되는 경우가 많았지만, 3회독에서는 해설의 첫 줄만 봐도 이것이 힌트가 되어 '아, 맞다! 이런 방법으로 풀면 되는 거였지!' 하며 스스로 해결할 수 있다. 이런 식이니 공부가 재미있을 수밖에 없고 자신감도 하루하루 커질 것이다.

　이제부터 그야말로 실력이 완성되는 마지막 단계, 3회독 단계의 공부에 대해서 자세히 알아보자. 만약 여러분이 꼭 1등급, 또는 만점에 가까운 점수를 받고 싶다면 이제부터 내가 이야기할 원칙들이 특히 중요하다. 그리고 이 원칙들을 지키는 것은 절대로 어렵지 않을 것이다.

사고력 상승 원칙

01

사고력 향상을 위한
방학 공부의 기본 원칙

사고력 중심의 3회독 단계에서 가장 중요한 것은 무엇일까? 바로 '교재를 세 번이나 읽는다'는 사실 그 자체다. 대체 이게 무슨 말일까?

주위를 보면, 많은 학생이 하나의 교재도 제대로 끝내지 못하고 쉽게 다른 교재로 넘어가곤 한다. 이런 상황에서 만약 한 권의 교재를 끝까지 제대로 공부한 학생이 있다면? 이것만으로도 이미 이학생은 남들보다 앞서 나가는 학생이다. 여기서 멈추지 않고 이 교재를 또다시 반복한다면? 이런 학생은 교실 안에 몇 명밖에 되지 않는다. 그런데 또 여기서 멈추지 않고 그 교재를 세 번이나 반복해서 공부한다면? 이런 학생은 교실에 한 명이 있을까 말까 한다. 이렇게 반복했다는 것 자체만으로도 이 학생의 실력은 몇 배로 성장하게 된다.

다시 말해, 3회독 단계의 공부를 하는 과정 안에 뭔가 특별한 비결이 있는 것이 아니다. 같은 교재를 세 번이나 본다는 것 자체가 가장 특별하고 중요한 비결인 셈이다. 이 사실을 염두에 두고서 좀 더 세부적인 과정에 대해 알아보자.

3회독 단계의 핵심은 바로 '강약 조절'이다

3회독 단계의 공부라고 해서 별다른 점은 없다. 기본서나 문제집을 읽고 푸는 것은 1회독, 2회독에서의 공부와 같다. 게다가 공부의 시작인 '제대로 이해하기' 역시 3회독에서도 변함없이 실천해야 한다. 이해는 모든 단계의 공부에서 꼭 필요한 것이기 때문이다.

다른 점이 있다면 '3회독을 하는 시기가 방학인 경우, 암기에는 크게 신경 쓰지 않는다'는 점이다. 우리가 2회독에서 중요한 내용을 암기했던 이유는 이걸로 모든 시험 준비를 끝내기 위함이 아니었다. 단지 과목 속 개념들의 중요한 흐름을 잡고, 3회독에서의 공부를 좀 더 쉽게 하기 위해서였다. 머릿속에 들어 있는 것이 전혀 없다면 곰곰이 생각할 거리도 없기 때문이다. 그래서 방학 때의 암기는 2회독에서 충분하다. 3회독에 와서까지 또다시 암기에 신경을 쓸 필요는 없다. 어차피 지금은 방학이고, 시험은 아직 멀었다. 정확하게 외우는 것은 시험 직전에 하면 된다.

물론 이것은 방학 중일 경우의 얘기다. 어떤 학생은 방학에 1회독을 하고, 3월에 2회독을 하며, 4월에 3회독을 하려고 계획했을 수도 있다. 그렇다면 이 학생이 3회독을 하는 시기는 중간고사 직전이 될 것이다. 따라서 3회독 단계에서 정확한 암기까지 신경을 써야 한다. 그러나 이런 경우가 아니라, 방학 중에 3회독을 끝내는 것이 목표라면 그렇게 정확한 암기는 아직 필요가 없다는 말이다.

3회독 단계에서 중요한 것은 암기가 아니라 '강약 조절'이다. 이 원칙은 사고력을 기를 때 가장 중요한 부분이므로 꼭 기억해야 한다. '3회독=강약 조절'이다. 1회독은 강약 조절이 전혀 없는 공부였다. 그저 한 문장 한 문장 이해하기에 바빴다. 중요한 개념이나 그렇지 않은 개념이나 공부하는 시간이 같았다. 일정한 속도로 걷는 것처럼 모든 개념을 하나하나 공부했다. 왜냐면 1회독에서 중요한 원칙은 '교재의 모든 내용을 완벽하게 이해하는 것'이기 때문이다.

한편 2회독의 경우는 어떨까? 2회독에서 우리는 중요한 것만 '골라서' 암기했다. 그러나 암기한 것이 아니라 눈으로 보고 읽은 것을 공부의 기준으로 삼는다면 2회독에서도 우리가 공부한 내용은 1회독처럼 교재의 '모든 부분'이었다.

그러나 3회독은 다르다. 이제는 일정하게 걷는 것보다는 때로는 느리게 걷다가 때로는 빠르게 뛰는 것에 비유할 수 있다. 교재를 볼 때, 이미 익숙한 개념이거나 별로 중요하지 않은 내용이라면 눈으로만 대충 훑어본다. 또는 통째로 건너뛴다. 문제를 풀 때도 마찬가지다. 쉽고 단순한 문제이거나 1회독, 2회독을 거치면서 두 번 모두 맞힌 문제라면 3회독에서는 더는 풀지 않는다.

그 대신 아직까지 익숙하지 않은 개념은 꼼꼼히 살펴본다. 각 단원에서 핵심적인 내용은 시간을 더 투자해서 꼼꼼히 읽는다. 이때는 '왜?'라는 질문도 드디어 던져 보고, 어려운 문제도 빠트리지 않고 풀며, 틀린 문제는 교재를 뒤적이며 완벽하게 관련 개념을 보충한다. 이것이 강약이 있는 3회독 단계의 구체적인 모습이다.

꼼꼼히 읽어야 할 때 VS. 대충 넘겨도 될 때

그런데 실제로 이렇게 실천하다 보면 한 가지 고민거리가 생길 것이다. '강약 조절을 도대체 어느 부분에서 해야 하는가?' 하는 점이다. 기본서의 많은 내용 중에서 무엇을 꼼꼼히 읽고 무엇을 대충 넘겨야 하는가? 별로 중요하지 않을 것 같아 패스했는데 만약 중요한 내용이었다면 어떻게 할 것인가?

이런 불안감에 고민한다면 좋은 방법을 알려주겠다. 3회독에서는 개념 설명을 읽지 말고 다짜고짜 문제부터 풀어라. 물론 지금까지 1회독, 2회독을 했다고는 하지만, 그때 공부한 내용은 머릿속에서 어느새 희미해져 있어 문제를 풀어도 다 맞힐 자신은 없을 것이다. 그래도 괜찮다. 일단 풀어라. 틀려도 된다. 맞히기 위해서 푸는 것이 아니라, 강약 조절을 할 부분을 찾기 위해서 푸는 것이다.

한 문제씩 풀어라. 만약 틀렸다면 이 문제와 관련된 개념을 교재에서 찾아 꼼꼼하게 다시 읽어 보자. 이렇게 하면 개념이 머릿속에 훨씬 더 잘 들어온다. 또한 그 내용이 어떻게 문제로 만들어지는지도 알 수 있다. 이런 유형의 문제를 맞히려면 어떤 내용을 머릿속에 넣어야 하는지 감이 잡힌다. 따라서 나에게 필요한 정보만 골라 쏙쏙 머리에 저장할 수 있다. 이렇게 한 문제씩 풀면서 관련 개념을 같이 공부하면 자동으로 강약 조절이 된다. 물론 한 문제당 공부 시간은 오래 걸릴지도 모른다. 그러나 이렇게 공부하는 것이 훨씬 효율적이다. 나에게 부족한 약점을 채우면서 공부하는 것이기에 실력은 더 빨리 성장한다.

공부가 절대로 밀리지 않는
계획 운영의 법칙

3회독 단계에서 흔히 발생하는 어려움이 있다. 그것은 '계획이 자주 밀린다'는 점이다. 이렇게 계획이 밀리는 것에 대해서는 2장의 마지막 부분에서 이미 언급한 적이 있었다. 하지만 지금부터 이야기하려는 내용은 그것과는 조금 다르다. 2장에서 말한 것은 '시험이 급하지 않아서 나도 모르게 공상에 잠기는 등 나태해지고 느긋해지는 마음'에 관한 것이었다. 반면 지금 이야기하려는 것은 '집중해서 공부했는데도 진도를 얼마 못 나가는 증상'이다. 이런 증상은 3회독 단계에서 실천하는 공부의 특성상 어쩔 수 없이 발생한다고 볼 수 있다.

이때는 어려운 문제나 중요한 개념에 대해 깊이 있게 파고드는 공부를 하는 시기다. 생각하는 시간이 길어지다 보면 계획한 공부 시간도 훌쩍 넘어간다. 하지만 방학 기간은 정해져 있는데, 매일 진도를 나가는 페이지가 몇 장 안 되면 마음도 덩달아 초조해진다. '과연 이렇게 하는 것이 맞나?'라는 의구심도 생길 것이다. 진도가 느려지고 계획이 자주 밀리는 문제는 어떻게 해결할 수 있을까?

오늘 끝내지 못한 공부는 과감히 포기한다

가장 좋은 방법은 '마감 시간이 되면 실제로 마감을 하는 것'이다. 이게 무슨 말일까? 예컨대 국사 교과서를 매일 오후 1시부터 3시까지 공부하기로 계획했다고 가정하자. 그런데 문제가 생겼다. 오늘 해야 할 범위는 '고려시대'인데, 그중 첫 단원인 「1. 고려시대의 정치」를 꼼꼼히 읽다 보니 시간이 모두 지나가 버렸다. 그래서 두 번째 단원인 「2. 고려시대의 경제」는 도저히 마감 시간인 3시까지 끝내지 못할 것 같다. 이럴 땐 어떻게 해야 할까? 오늘 저녁에 할까? 아니면 내일 오후에 마무리할까?

정답은, 마무리하지 못한 부분은 그냥 포기하는 것이다. 이유가 무엇일까? 간단하다. 오후 3시가 원래 마감 시간이었기 때문이다. 마감까지 못 끝냈다고 시간을 더 쓰면 전체 계획이 차례대로 어긋

난다. 오늘 저녁이나 내일 오후에는 이미 계획한 공부가 따로 있다. 오늘의 실패가 내일까지 계속 영향을 주게 해서는 안 된다. 방학의 전체적인 계획이 도미노처럼 무너지는 것을 막으려면 도미노 조각을 하나쯤은 희생시켜야 한다. 이것이 마감 시간이 되면 실제로 마감을 해야 한다는 말의 의미다.

그런데 많은 학생이 이렇게 하지 않는다. 계획을 짜면서 마감 시간을 정하고도 정작 그 시간이 되면 제대로 지키지 않는다. 공부를 미처 못 끝내도 '에이, 다 못 끝냈네? 조금만 더 해서 마무리하자!'라며 느슨하게 공부를 한다. 하지만 계획을 이렇게 운영하면 반드시 작심삼일이 되고 만다. 마감 시간이 되었다면 더 이상의 기회가 없어야 진정한 마감이다. 계획을 이렇게 엄격하게 운영해야 우리의 뇌도 비로소 긴장한다. 그러면 게으름을 피울 가능성도 확 줄어든다.

내가 '할 수 있을 만큼'만 계획하자

물론 못 끝낸 공부를 버리면 마음이 불안할 수는 있다. 끝내지 못한 부분에 정말로 중요한 내용이 있다면 어떻게 할 것인가? 그렇다면 여러분은 애초에 계획했던 시간 내로 계획한 부분을 모두 공부했어야 했다. 시간이 부족하다면 중요한 것만이라도 골라서 봐야 했다. 만약 정해진 시간 동안 그 많은 내용을 다 공부하는 것이 벅차다면 처음부터 그렇게 계획을 세우면 안 되는 것이었다.

내 말이 어쩌면 다소 매정하게 들릴지 모르겠다. 그러나 이것은 나의 뼈아픈 시행착오에서 나온 진심 어린 조언이다. 수많은 방학에 실패했던 나의 경험을 통해, '공부 계획'이라는 것을 이 정도로 엄격하게 운영하지 않으면 게으름에 익숙한 정신상태를 바꾸지 못한다는 진실을 깨달았다.

그러니 내 말을 꼭 기억하고, 애초에 여러분이 할 수 있을 만큼만 계획하길 바란다. 그리고 마감까지는 반드시 끝내자. 마감까지 끝내지 못했다면 나머지 부분은 과감하게 포기하자. 만약 그 부분에서 시험문제가 나온다면? 그럼 그냥 틀려라. 그게 싫다면? 그럼 마감까지 끝내라. 마감까지 끝내지 못할 것 같다면? 그럼 애초에 할 수 있을 만큼만 계획하라. 공부 계획은 이 정도의 각오로 운영해야 작심삼일로 끝나지 않는다.

실전연습과 사고력을
모두 잡는 황금비율

어떻게 보면 3회독 단계의 공부는 정말 편하다고 할 수 있다. 만약 오후 1시부터 3시까지 국사 공부를 하기로 계획했다면 딱 그 시간만 공부하면 된다. 강약을 조절하고 중요한 것만 골라 보면서, 어쨌든 정해진 시간 동안만 공부하면 된다. 마감 시간이 되면 공부를 많이 했든 적게 했든 그 단원을 마무리한다.

'마감 시간까지 이걸 다 못 보면 어떡하지?' 하는 걱정은 시간이 아니라 분량을 기준으로 계획을 세워서 그런 것이다. 따라서 3회독 단계에서는 마감 시간까지만 공부한다는 원칙을 지키면, 애초부터 계획이 밀리는 일은 잘 발생하지 않는다.

[기본서] 단원 수를 남은 방학 기간으로 나눠라

그렇다면 구체적으로 각 과목별로 얼마의 시간을 정해서 공부해야 할까? 그건 교재의 종류에 따라 달라진다. 자습서나 기본서처럼 개념 설명 위주의 교재라면 교재의 단원 수를 방학의 남은 기간으로 나누면 된다.

예를 들어 보자. 방학이 7일 남았다. 영어문법 교재를 3회독 할 차례다. 교재를 펼쳐 보니 모두 14단원이라면 하루에 두 단원이라는 계산 결과가 나온다. 나의 하루 일정을 고려할 때 영어문법을 공부할 시간으로 2시간이 적절할 것 같다면 그대로 계획을 확정하면 된다. '내가 과연 2시간에 두 단원씩 모두 공부할 수 있을까?'라는 의구심이 들더라도 괜찮다. 왜냐면 3회독 단계는 교재의 모든 부분을 공부하는 것이 아니라, 정해진 공부 시간 동안 중요한 내용만 골라서 공부하는 방식이기 때문이다.

따라서 골라서 볼 내용은 공부하기 위해 책상에 앉은 그 순간 결정하면 된다. 만약 오늘 공부할 단원이 '가정법' 단원이라면, 여기서 무엇을 집중적으로 공부할지는 공부를 시작할 때 결정하는 것이다.

"가정법 미래는 별로 중요하지 않을 것 같아. 이건 패스하고 대신 가정법 과거와 과거완료를 구별하는 것만 집중해서 볼까? 문제도 이것과 관련된 것만 골라서 풀어 봐야겠다!"

이런 식으로 강약을 조절할 부분을 공부를 시작할 때 스스로 결정하는 것이다. 그 부분이 실제로 중요한 부분인지는 고민하지 않아도 된다. 2회독까지 이미 마친 학생이라면, 중요할 것 같은 부분을 골랐을 때 실제로도 중요한 내용인 경우가 대부분이다. 게다가 중요할 것 같은 부분을 스스로 고르는 것도 공부의 재미 중 하나다. 이런 즐거움을 위해서라도 스스로 결정해 보길 바란다.

정 갈피를 못 잡겠다면 '교재에서 특히 설명이 많은 부분'만 골라서 보는 것도 좋다. 중요한 개념은 대개 설명도 길기 때문이다. 이 방법조차 불안하거나 실천하기가 쉽지 않으면, 앞서 말했듯이 다짜고짜 문제부터 풀고 이것과 관련된 개념을 같이 보충하는 방식도 좋다.

[문제집] 문제풀이와 피드백 시간의 비율을 정하라

두꺼운 기본서가 아니라 '문제집'이라면 3회독 단계에서 어떻게 공부해야 할까? 문제집의 경우는 지금까지 말한 방법을 적용하기가 다소 곤란할 것이다. 문제는 실제로 풀기 전에는 중요한 개념을 다루고 있는지 쉽게 파악할 수 없어서 중요한 문제만 골라서 풀기가 힘들다. 대표적으로 영어독해 문제집이나 수학 문제집, 수능 기출 문제집 등이 이런 스타일의 교재들이다.

만약 기본서가 아니라 '문제집'을 3회독 하는 경우라면, 문제풀이와 피드백의 시간 비율을 정해 두는 것이 좋다. 구체적인 비율은 사람마다 달라질 수 있겠지만, 이렇게 비율을 정해 둔다는 원칙 자체는 꼭 지켜야 한다. 참고로 나의 경우 국어는 2:1, 수학은 1:1, 영어는 1:3의 시간 비율이 적절했다. 여기에 관해서 좀 더 자세히 설명해 보겠다.

예컨대 국어 문제를 '1시간' 동안 풀기로 계획했다면 답을 매긴 후에 해설이나 참고서로 개념을 보충하는 시간, 즉 피드백 시간을 '30분'으로 잡는다(2:1의 비율). 수학의 경우에는 1시간 동안 문제를 풀면, 틀린 문제를 스스로 다시 푸는 시간도 1시간이 걸린다(1:1의 비율), 물론 다시 풀어도 여전히 풀리지 않아서 해설을 봐야 하거나 참고서를 뒤적이는 시간도 여기에 포함된다.

영어의 경우, 문제를 푸는 시간에 비해 피드백하는 시간의 비율이 좀 더 많아야 한다. 이유는 영어 시험의 특징 때문이다. 영어 문제, 특히 독해 문제를 풀 때는 빠르게 풀어야 한다. 몇 개의 문장만 골라서 읽은 후 바로 정답을 찾아내야 한다. 그러나 피드백은 반대다. 한 문장씩 완벽하게 번역하고, 몰랐던 단어도 외우고, 문법에 관한 해설의 내용도 꼼꼼히 읽어야 한다. 따라서 영어는 피드백하는 시간이 많이 소모될 수밖에 없다. 내 경험상 30분 정도 독해 문제를 풀었다면 피드백 시간은 그 세 배인 90분 정도 걸렸다(1:3의 비율).

물론 이 비율은 여러분이 계획을 세울 때 참고하라는 것이지, 꼭 이대로 지켜야 한다는 뜻은 아니다. 구체적인 비율은 각자의 상황과 실력에 따라 달라지기 때문이다. 예컨대 국어 문제를 1시간 동안 풀었는데 틀린 문제가 한 문제밖에 없다면? 그렇다면 피드백 시간은 5분이면 충분할 것이다. 이처럼 문제풀이와 피드백 시간은 자신의 실력과 점수에 맞게 조정하면 된다. 만약 이런 방식으로 하는 것이 처음이라서 감이 잘 오지 않을 경우에는 일단 내가 했던 비율로 먼저 시작해 보길 추천한다.

그렇다면 하루에 몇 문제나 풀어야 할까? 그것은 ①그 과목을 하루에 몇 시간 공부할지 결정하고, ②문제풀이와 피드백의 시간 비율을 결정한 후, ③문제 푸는 시간을 기준으로 문제 수를 결정하면 된다. 예컨대 수학을 하루에 2시간 공부하기로 계획했고, 문제풀이와 피드백 비율은 1:1로 결정했다고 하자. 그렇다면 '1시간:1시간'이 될 것이다.

문제 풀이에 할당한 시간 동안 몇 문제를 풀어야 할까? 자신이 평소에 문제 푸는 속도를 기준으로 잡을 수도 있겠지만, 가급적 실제 시험과 동일하게 하는 것을 추천한다. 예컨대 수능 수학의 경우 90분(마킹 시간 제외) 동안 30문제를 풀어야 한다. 따라서 1시간이라면 20문제가 적절할 것이다. 이렇게 시험 시간에 맞춰서 20문제를 다 풀고 나면 이어지는 1시간 동안 틀린 문제를 다시 풀자. 잘 모르겠으면 기본서를 뒤적이거나 해설을 꼼꼼히 공부하는 '피드백' 시간을 가진다. 이렇게 공부하면 실전 연습도 되면서 사고력도 기를 수 있다. 문제를 빠르게 푸는 훈련도 하고, 틀린 문제를 깊이 있게 고민하는 사고력 공부도 하는 것이다. 일석이조의 효과다.

어떤 학생들은 "꼭 그렇게 비율을 나눠서 해야 하나요? 그냥 한 문제씩 풀고 바로 채점하면서 하면 안 되나요?"라고 말할 수도 있다. 굳이 비율을 정하는 것이 번거롭다면 당분간은 그래도 좋다. 다만 이 경우, 문제풀이와 피드백의 시간 비율을 결정해야 하는 수고스러움은 사라지겠지만 단점도 분명히 있다. 실전 시험에 맞춰 빠르게 푸는 연습이 되지 않는 것이다. 따라서 처음에는 그렇게 하더라도 나중에는 과목별로 자신만의 문제풀이와 피드백 비율을 결정하는 것이 훨씬 더 도움이 된다.

책상에 앉지 않고도
사고력을 기르는 법

3회독 단계에서의 공부가 지닌 특징은 '사고력 중심'이라는 것이다. 사고력은 문제를 많이 푼다고 길러지는 것이 아니다. 그보다는 어려운 문제를 골똘히 생각하면서 길러지는 능력이다. 바로 이 점에서 3회독 단계의 독특한 특징이 보인다. 그것은 '책상'이 굳이 필요 없다는 점이다.

예컨대 수학 문제를 풀려면 아무래도 필기구와 연습장 그리고 책상이 필요하다. 그러나 이건 내가 문제를 풀 수 있을 때나 그렇다. 도저히 풀리지 않는 어려운 문제를 하염없이 쳐다보는 동안에는 필기구도 연습장도 필요 없다. 그렇다면 이 시간을 굳이 책상에서만 보낼 필요는 없지 않겠는가?

만약 필기구와 연습장, 책상이 굳이 필요 없는 종류의 공부를 끌어모은다면? 그래서 이걸 자투리 시간에 모두 해치워 버린다면? 이럴 경우 우리의 하루 중에서 활용할 수 있는 시간은 폭발적으로 늘어날 것이다. 바쁜 하루 중에 이런 자투리 시간이 얼마나 있을까 싶겠지만, 따져 보면 하루에 '몇 시간'은 끌어모을 수 있다. 아침에 머리를 감는 것도 자투리 시간이다. 학교에 갈 때도 마찬가지다. 밥을 먹을 때, 걸어 다닐 때, 샤워할 때 등 그야말로 책상에 앉지 않는 모든 시간이 자투리 시간에 해당한다.

상황에 따라 공부를 나눠 보자. 도서관에서의 공부 시간이나 학교에서의 자습 시간처럼 책상에 앉아 있을 때는 뭔가를 읽거나 써야 하는 공부를 한다. 그리고 그 외의 시간에는 골똘히 생각하는 사고력 위주의 공부를 한다. 그러면 진도도 훨씬 더 잘 나가고 사고력도 키울 수 있다.

자투리 시간을 활용해 사고력을 키우는 법

책상에 앉지 않을 때 오히려 공부가 더 잘되는 경우도 많다. 나는 책상에 아무리 오래 앉아 있어도 풀리지 않는 문제가 있으면 도서관 주위를 산책했다. 그 시간 동안 문제에 관해 곰곰이 생각하다 보면 갑자기 좋은 아이디어가 떠오르는 경우가 많았다. 그뿐 아니라 잠시 화장실을 다녀오면서도, 또는 집으로 가면서도 방금 공부한 내용에 관해 생각했다. 그러다 보면 공부한 내용이 새롭게 정리가 되면서 더욱 확실한 깨달음을 얻을 수 있었다.

'기회비용이란 내가 포기한 것의 가치라 이거지? 음, 예를 들어보자. 내가 친구들이랑 놀러 가느라 시험공부를 못 했다면 기회비용은 뭐가 되는 거지? 포기한 것의 가치니까……. 그렇지! 떨어진 시험 점수가 되겠구나. 어? 그렇다면 기회비용하고 매몰비용은 다른 개념인 건가? 매몰비용은 내가 쓸데없이 투자한 비용이니까, 그럼 이때는 놀러 가서 쓴 비용이 매몰비용이 되는 건가? 근데 추억이 생겼으니 나름대로 가치가 있었잖아? 그렇다면 매몰비용이 아닌가? 아, 모르겠다! 들어가서 교재를 다시 읽어 봐야겠다!'

이런 식으로 생각하는 것이다. 방금 배운 내용을 떠올려 보고, 질문을 던져 보고, 개념을 다시 떠올리고, 공식을 되뇐다. 그리고 이제부터 공부할 내용에 관해서 생각해 본다. 이것이 책상에 앉지 않을 때 공부하는 모습이다. 물론 누군가는 이런 볼멘소리를 할 수도 있다.

"책상에 앉을 때도 죽을 것 같았는데, 책상에 앉지 않을 때까지도 공부하라고요?"

오해하지 말기를 바란다. 내 말은 절대로 쉬지도 말고 공부만 하라는 뜻이 아니다. 쉴 때는 쉬어야 한다. 그러나 휴식이 필요한 것은 머리가 아니라 몸이다. 장시간 앉아서 공부하면 이따금 찌뿌듯한 몸을 일으켜 스트레칭도 하고 걷기도 해야 한다. 그런데 그 와중에도 공부에 관한 생각이 머리에 떠오른다면, 그걸 굳이 막지는 말고 그 생각에 한번 풍덩 빠져 보라는 말이다.

"샘! 근데 쉴 때 공부 생각이 날 수 있나요? 저는 자리에서 일어나자마자 그냥 빨리 집에 가고 싶은 생각만 드는데요!"

혹시 이런 생각이 들었는가? 그렇다면 조금 미안한 말을 해야겠다. 공부를 잠시 멈추고 쉬는 동안에 방금 공부한 내용이 머릿속에 '저절로' 떠오르지 않았다면, 공부를 제대로 한 것이 아닐 가능성이 크다. 왜냐면 무엇이든 제대로 이해하면서 공부했다면 쉬는 시간에 반드시 이 내용에 관해 '잔상'이 남을 것이기 때문이다. 그래서 자리에서 일어나도 한동안은 이 내용이 머릿속에 빙글빙글 돌아다닌다. 만약 그렇지 않고 자리에서 일어나자마자 머릿속이 텅 비어 버린다면 제대로 공부를 하지 않았기 때문이다. 흰 종이 위의 검은 활자를 졸린 눈으로 아무 생각 없이 훑기만 하면 이런 증상이 나타난다.

자신이 이런 사례에 해당한다면, 일단은 제대로 이해하는 공부를 해야 한다(1회독). 그런 다음 효율적으로 암기하는 원칙을 실천한다(2회독). 그러면 쉬는 시간에도 여러분의 머릿속에는 마치 싱싱한 물고기처럼 개념들과 문제들이 펄떡이고 있을 것이다. 쉬는 시간에 친구들과의 수다를 줄이고, 스마트폰을 꺼내지 말고, 펄떡이는 싱싱한 생각에 집중해 보자. 사고력은 바로 이때 성장하는 능력이니까.

최상위권으로 도약하는 결정적인 비밀

성적이 80~90점을 오갈 뿐 도무지 100점이 나오지 않는 학생이 있다면, 지금부터 내 이야기에 귀 기울여 주길 바란다. 6개월 이내로 100점을 받는 방법에 대해 알려 주겠다. 아주 간단한 도구만 있으면 되는데, 바로 '수첩'이다. 책상에 앉아서 공부할 때 조그만 수첩을 미리 준비해 두자. 책상에 앉지 않을 때도 언제든지 공부할 수 있는 준비를 해 두는 것이다.

예컨대 국어 과목에서 내가 틀렸던 문제의 '오답 포인트'를 수첩에 적는다. '변화법은 강조법의 일종인가? 아니면 전혀 다른 수사법인가?'라는 식이다. 수학의 경우, 내가 못 풀었지만 계속 고민하면 풀 수도 있을 것 같은 '어려운 문제'를 옮겨 적는다. 영어독해를 하면서도 단어를 알아도 도저히 해석할 수 없었던 '어려운 문장'을 옮겨 적는다. 사회나 과학에서 이해하기 어려웠던 '의문점'이나 '중요한 개념'도 적는다.

이 수첩은 항상 자신의 '주머니' 속에 있어야 한다. 가방 속은 안 된다. 안 꺼내면 그만이기 때문이다. 몸에 지니고 있어야 꺼내기 쉬우므로 반드시 주머니에 넣어야 한다(그만큼 작은 수첩이어야 한다). 스마트폰에 메모하는 것도 안 된다. 그걸 보겠다며 스마트폰을 꺼냈다가 자신도 모르게 다른 앱을 실행시켜 거기에 빠져 버릴 위험이 있기 때문이다. 말 그대로 '수첩'이어야지, '수첩 앱'이어서는 안 된다.

그렇다면 수첩에 몇 가지의 주제 또는 문제를 적는 것이 좋을까? 적을 것이 너무 많으면 수첩이 정리 노트가 되어 버리고 옮겨 적는 시간도 오래 걸린다. 반대로 너무 적으면 책상에 앉지 않을 때 생각할 거리가 별로 없다. 내 경험상 '하루에 3~5개' 정도가 적당한 것 같다. 그 정도라면 수첩에 옮겨 적는 시간도 별로 안 걸리고, 하루의 자투리 시간을 모두 투자해야 해결할 수 있을 만큼의 도전적인 분량이기 때문이다.

귀여운 강아지에게 맛있는 간식을 던져 주듯이 책상에 앉지 않은 나 자신에게 이 수첩을 던져 주자. 그리고 여기 적힌 문제나 개념을 머릿속으로 이리저리 가지고 놀아 보자.

만점으로 가느냐 못 가느냐는 결국 사고력에 달렸다고 해도 과언이 아니다. 사고력은 최상위권으로 도약하기 위해서는 꼭 필요하지만, 학기 중에 잠깐 공부해서 기를 수 있는 능력은 아니다. 이것은 시간적 여유가 있는 방학 기간에 기를 수 있는 능력이다. 방법은 거창하지도, 어렵지도 않다. 그저 수첩에 있는 내용을 고민하고 또 고민하자. 내가 고민하는 시간만큼 사고력이 성장한다.

힌트와 함정을 구별하는
사고력 문제풀이

─────

　시험칠 때, 정말 고민되는 순간이 있다. 문제의 보기 중에서 헷갈리는 것이 '딱 두 개' 남았을 때. 한참을 고민하다가 도저히 안 되면 우리는 답안지에 적힌 번호들을 쭉 훑어보다가 결국 마음이 가는 번호로 정답을 찍는다. 하지만 나중에 점수를 매겨 보면 여지없이 틀린 경우가 많다.

　상상해 보자. 만약 나에게 마법 능력이 생겨 헷갈리는 문제들을 모두 맞힐 수 있다면? 헷갈리는 보기가 두 개 남았을 때, 항상 내가 선택한 것이 정답이 된다면? 정말로 그렇게 된다면 이것만으로도 우리의 성적은 큰 폭으로 올라갈 것이다. 그런데 이것은 상상속에서만 가능한 일이 아니다. 지금부터 내가 바로 이 마법과도 같은 방법에 대해 이야기할 것이다.

일단 아리송한 문제의 정체부터 살펴보자. 이것도 정답 같고 저것도 정답 같다는 것은 뭔가 '함정'이 있다는 뜻이다. 나는 이러이러해서 정답이라고 생각했지만, 사실은 출제자가 만들어 놓은 함정에 빠진 것이다. 이 함정의 작동원리를 모른다면 여기서 빠져나오기란 무척 어렵다. 반면 함정이 어떻게 만들어지고 작동하는지를 안다면 탈출하기도 아주 쉽다.

함정① 구체적인 정보를 주절주절 나열하는 유형

출제자들이 자주 쓰는 함정에는 두 가지 유형이 있다. 그중 첫 번째 유형을 설명하기에 앞서, 일단 간단한 질문부터 하나 하겠다. 다음의 두 가지 문장 중에서 여러분은 어떤 것이 더 거짓말처럼 느껴지는가?

① 나는 아이돌인 친구가 있어.
② 나는 아이돌인 친구가 있는데, 걔는 2집 앨범까지 냈어. 우린 같은 초등학교에 다녀서 서로 알게 됐지.

만약 누군가 여러분에게 ①번과 같이 말한다면 "뭐? 거짓말하지 마!"라고 반응할 것이다. 그러나 ②번처럼 말한다면 '어라? 정말인가?'라고 생각하게 된다. 왜냐하면 우리 인간에게는 '구체적인 정보를 줬을 때 그것을 더 사실로 느끼는' 심리적 본능이 있기 때문이다.

그런데 사실 '논리적'으로만 따져 보면 거짓말일 확률이 더 높은 것은 오히려 ②번이다. 생각해 보자. 어떤 사람의 친구 중에서 아이돌이 있을 확률이 얼마나 되겠는가? 게다가 2집 앨범을 냈다는 조건까지 붙으면 확률은 더 줄어들 것이다. 그에 더해 같은 초등학교까지 나와야 한다는 조건까지 붙으면 확률은 거의 0으로 수렴한다. 그러나 우리는 '그게 사실이니까 저렇게 구체적으로 말하는 거겠지?'라는 생각 때문에 쉽게 의심하지 못한다.

지나가는 이야기지만 이것은 실생활에서도 얼마든지 응용할 수 있다. 만약 여러분이 거짓말을 꼭 해야만 하는 상황인데, 절대로 들켜서는 안 된다면? 이때 내가 말한 원칙을 기억하면 된다. 어차피 거짓말을 할 거라면 '구체적이고 창의적으로' 하는 것이다. 그러면 의심받을 확률이 줄어든다. 거짓말하는 사람은 자기도 모르게 양심의 가책을 느껴서 문장이 짧아지는 경향이 있다.

예컨대 엄마가 "너 오늘 도서관에 안 가고 친구들이랑 노래방 갔지? 아까 내가 다 봤어!" 하며 다그치는 상황을 생각해 보자. 이럴 때 대부분은 "도서관에서 곧바로 집으로 온 건데요?"라는 식으로 구체적인 정보도 없이 짧게 얼버무릴 것이다. 하지만 오히려 큰 소리로 다음과 같이 이야기한다면 어떨까?

"저 도서관에서 7시 50분까지 공부하다가 짐 챙겨서 8시쯤에 나왔어요! 도중에 이마트 맞은편에 있는 CU편의점에 잠깐 들러서 삼각김밥이랑 딸기우유 사서 먹고 오느라 늦은 거예요."

이렇게까지 구체적으로 이야기하면, 엄마는 '어라? 내가 잘못 본 건가?' 하고 혼란스러워질 것이다(물론 우스갯소리로 말한 예시임을 여러분도 알고 있을 거라 믿는다. 노파심에서 말하는데, 어떤 상황에서도 진실을 말해서 꾸중을 듣더라도 빨리 상황을 마무리하는 것이 훨씬 유익하다. 거짓말은 나쁜 것이다).

구체적인 정보는 이토록 큰 힘을 발휘한다. 시험 출제자들은 인간의 이런 인간의 심리를 잘 알고 있으며, 문제를 낼 때도 이 원리를 자주 이용한다. 이런 함정 유형을 나는 '주절주절 방식'이라고 부른다. 예컨대 국사 문제에서 다음과 같은 보기를 내는 식이다. 이게 옳은 문장일까?

신석기시대의 유물로는 간석기와 빗살무늬토기, 독무덤 등이 있다.

정답부터 말하자면, 틀린 문장이다. 간석기와 빗살무늬토기는 신석기시대의 유물이 맞지만 독무덤은 청동기시대 이후의 유물이기 때문이다. 만약 세 가지 유물이 어느 시대의 것인지 정확히 알고 있는 학생이라면 당연히 답을 맞혔을 것이다. 그런데 그중 하나 혹은 두 개만 알고 있는 경우에는 이 문장이 판 함정에 빠질 확률이 매우 높다. 왜냐하면 한 문장 속에 옳고 그름을 판단해야 하는 정보가 여러 개 들어 있으니, 그 과정에서 '구체적인 것은 사실로 느껴지는' 인간의 심리적 본능이 작동하기 때문이다. 다음과 같은 방식이다.

'어디 보자. 간석기와 빗살무늬토기는 신석기시대가 맞고, 그런데 독무덤은 언제지? 이건 모르는 건데? 앞의 두 개가 맞으니까 아마 이것도 맞지 않을까?'

대부분 이런 식으로 생각이 흘러간다. 구체적인 정보들이 주절주절 나열되어 있으면 왠지 다 옳은 말처럼 느껴지는 것이다. 그러나 세 가지 중에서 하나라도 틀리면 전체가 틀린 것이 된다. 이 점을 잊어서는 안 된다.

만약 세 가지 유물 모두를 내가 모른다면 어떨까? 이런 상황에서는 이 문장이 참일 가능성은 얼마나 되는지 따져 보자. 인간은 구체적으로 나열된 정보가 많을수록 옳은 말이라 느끼지만 실제로 수학식으로 계산해 보면 참일 확률은 12.5퍼센트에 불과하다(간석기와 빗살무늬토기, 그리고 독무덤 이 세 가지가 모두 신석기시대여야 옳은 문장이므로 그 확률은 50% × 50% × 50% = 12.5%).

그러니 꼭 기억해야 한다. 보기의 문장 길이가 길거나 구체적인 정보가 많아서 '뭔가 주절주절한다'고 느껴지면 바짝 긴장해야 한다. 자신도 모르게 머릿속에 떠오르는 '맞겠거니' 하는 생각을 경계하고, 그중에서 하나라도 틀리면 문장 전체가 틀린 것임을 명심하자. 보기에 있는 여러 정보에 밑줄을 '따로' 긋고 참과 거짓의 판단도 '따로' 해야 한다. 그러면 숨어 있는 함정을 의외로 쉽게 찾아낼 수 있다.

함정② 논리적으로 '정답인 것처럼' 보이는 유형

시험에서 자주 사용하는 두 번째 함정은 '논리적인 근거 방식'이다. 예전에 내가 수능을 칠 때 겪은 일이다. 지리 과목이었는데, 제시된 지도를 보니 '서해안 바닷가'였다. 옳은 것을 고르라는 문제였다. 보기 중에 다음과 같은 문장이 있었다.

③ 이 지역은 조수간만의 차이가 크기 때문에 염해가 자주 발생한다.

'당연하지! 서해안은 밀물과 썰물의 차이가 크니까 밀물 때 바닷물이 농경지로 역류하면 농작물이 바닷물에 잠기겠지? 따라서 염해(농작물이 바닷물의 피해를 입는 일)가 발생하지. 이게 정답이 맞네!'

나는 논리적으로 생각했고, 정답을 맞혔다고 확신했다. 그러나 틀렸다! 왜일까? 어라? 그러고 보니 가만히 생각해 보면 말이 안 되는 문장이다. 밀물 때 바닷물이 들어오는 곳에 누가 농작물을 심겠는가? 해당 문제에서 제시된 지도가 서해안인 것은 맞지만, 그곳은 '논밭'이 아니라 '갯벌'이었다! 갯벌에는 농작물 자체를 심지 않으니 염해를 입는다는 말도 틀린 것이다.

해설을 보면 문제를 틀린 이유에 대해 어렵지 않게 이해할 수 있다. 이래서 오답이고 저래서 정답이고……. 그러나 정작 내가 궁금했던 것은 '왜 시험을 치는 동안에는 내가 이런 생각을 할 수 없었나?' 하는 점이었다. 며칠 동안 곰곰이 생각한 끝에 깨달았다. 나는 문제의 함정에 빠졌던 것이다.

내가 함정에 빠졌던 이유는 보기의 문장 자체에 '심리적인 효과'가 숨어 있었기 때문이다. 그것은 한 문장 안에 '근거와 결론'을 모두 담으면 매우 논리적으로 보인다는 사실이다. 위의 보기를 다시 보자. '조수간만의 차이가 크기 때문에(근거) → 염해가 자주 발생한다(결론)'라는 식으로 논리적인 구조로 되어 있어서, 너무나 '지당하신 말씀'처럼 느껴지는 효과가 있다.

인간에게는 '~하니까 ~하다!'라는 식으로 근거를 제시하며 이야기하면 논리적이고 맞는 말이라 느끼는 심리적 본능이 있다. 그래서 시험을 칠 때 '조수간만의 차이가 크니까 염해가 발생한다!'라는 식으로 출제자가 엉뚱한 논리를 만들어서 제시해도 이게 옳은 것처럼 느껴진다. 따라서 이런 유형의 함정을 피하려면 일단 이런 형식의 문장을 보자마자 바짝 정신을 차려야 한다.

이때 필요한 것이 바로 '비판적 사고'다. 그렇다. 비판적 사고. 이 말은 수도 없이 들어 봤을 것이다. 그러나 이 말의 의미를 정확히 아는 사람은 많지 않다. 비판적 사고가 어떤 것인지 설명하기 위해서 실생활의 예를 들어 보겠다.

여러분이 이성 친구로부터 고백을 받았다고 상상해 보자. "나의 어떤 점이 좋아?"라고 묻자 상대방이 이렇게 대답했다. "음, 잘 꾸미는 것 같아서!" 이 말을 들었을 때 여러분은 어떤 기분이 들 것 같은가? 물론 칭찬이라고 받아들이며 기분 좋게 넘어가는 사람도 있겠지만, 대부분이 찝찝한 기분으로 이렇게 생각할 것이다. '뭐야! 그러니까 내 성격이나 외모가 좋은 게 아니라 그저 꾸민 모습이 좋다는 거야? 그럼 내가 안 꾸민 모습을 보면 싫어질 거고, 나보다 더 잘 꾸민 애가 나타나면 그땐 걔가 더 좋아지겠네?'

이런 생각이 드는 순간, 여러분의 머릿속에서 이뤄진 일련의 과정이 바로 '비판적 사고'다. 즉 고백한 상대가 말한 근거(네가 잘 꾸며서)와 결론(널 좋아해)이 그대로 연결되는 것이 도저히 타당하지 않음을 지적하는 과정이다. 쉽게 말해서, 말이 되는 근거인지 아닌지를 판단하는 과정인 것이다.

이것을 실전에 적용해 보자. 국어 문제를 푸는데 보기에서 '글쓴이는 고향을 떠나 슬픔에 잠겨 있다'라고 나와 있다면, 여러분이 첫 번째로 해야 할 생각은 '고향을 떠났다고 해서(근거) 무조건 슬프다(결론)라고 볼 수 있나?'라는 것이다. '그런 근거에서 그런 결론으로 이어지는 것이 옳은가' 하는 점을 지적해야 한다는 말이다. 이런 점을 생각하면서 문제를 읽으면 출제자가 파 놓은 함정이 의외로 잘 보이게 되어 쉽게 피할 수 있게 된다.

평소에 문제를 풀 때, 앞에서 내가 말한 두 가지 방법을 항상 의식하길 바란다. 그러다 보면 함정이 어떻게 만들어지고 작동하는지 점차 익숙해질 것이다. 그러면 여러분은 시험을 칠 때 출제자가 낸 함정을 보면서도 '이런 뻔한 함정에 빠지는 사람이 과연 있을까?' 하는 생각이 저절로 들 정도로 대단한 실력의 소유자가 되어 있을 것이다.

아는 것이 많다고
성적이 오르진 않는다

내가 수험생일 때 우리 반에 꽤 박학다식한 친구가 있었다. 어릴 적에 부모님이 백과사전이라도 통째로 암기시킨 것인지 그야말로 모든 과목, 모든 부분에 대해 모르는 것이 없었다. 나도 이 친구 덕을 크게 봤다. 궁금한 게 생길 때마다 이 친구에게 가져가서 질문했다. 친구는 교과서의 내용뿐만 아니라 일반 상식에 대해서도 많이 알고 있었고, 설명도 재미있게 했다.

예컨대 한국광복군에 관해서 물으면 여기 소속된 어떤 장군의 사위가 다른 유명한 단체의 리더였다는 사실까지 줄줄 알려 주는 식이었다. 도대체 두꺼운 기본서에도 없는 저런 깨알 지식을 어디서 배운 것인지, 신기하기 그지없었다.

질문은 나만 하는 게 아니었다. 당시 우리 반에는 수능 점수가 400점 만점 기준으로 390점이 넘어 소위 천재라고 불리던 친구도 있었는데, 그 녀석조차 질문거리를 들고 이 친구에게 찾아가곤 했다.

그런데 이 친구에게는 콤플렉스가 하나 있었다. 그것은 '반에서 공부를 제일 못한다는 사실'이었다. 물론 못해 봐야 반 자체가 '서울대 반'이었기 때문에 전교에서는 상위권이긴 했다. 그러나 서울대 반 안에서도 다른 아이들의 공부 궁금증을 해결해 주던 친구가, 정작 성적은 반에서 거의 끄트머리라는 사실은 오랫동안 미스터리였다.

본인도 무척이나 답답해했다. 자신도 나름대로 열심히 공부하는데 왜 아는 만큼 성적이 나오지 않는 건지 항상 스트레스를 받았다. 이 친구 말로는, 다 아는 문제인데 실수로 틀리는 거라고 했다. 내가 보기에도 거짓말을 하는 것 같지는 않았다.

결국 이 친구는 수능을 망쳤고 원하던 대학에 불합격했다. 이 친구에게 질문거리를 들고 갔던 우리 반 아이들 대부분이 명문대에 합격했으나, 이 친구는 1년을 더 공부해야만 했다(물론 당사자가 흔쾌히 허락했기에 쓰는 글이다. 참고로 이 친구는 현재 굉장히 만족스러운 삶을 살고 있다).

확실히 알아야 진짜 공부다

아는 것도 많던 이 친구가 왜 시험에서는 좋은 결과를 받지 못했는지, 그때는 나도 이해하지 못했다. 하지만 공부법에 대해 전문가가 되고 나니 알 것 같았다. 이 친구는 공부할 때 '반복'하지 않았다. 한 권의 책을 여러 번 반복하며 깊이 있게 공부하기보다는 넓고 얕게 아는 것을 좋아했다. 그렇게 공부하면 당연히 문제를 풀 때마다 헷갈릴 수밖에 없다.

앞에서 나는 힌트와 함정을 구별하는 문제풀이 방법에 관해서 이야기했다. 그런데 내가 여러분에게 꼭 말해 주고 싶은 것이 하나 더 있다. 사실 우리가 문제를 틀리는 원인은 '함정이 있어서'가 아니다. 함정이 없음에도 불구하고 우리가 확실히 알지 못해서 틀리는 것이다. 바꿔서 이야기하면, 어떤 교재를 충분히 반복만 하더라도 예전이라면 틀렸을 문제를 거의 맞힐 수 있다.

여러분도 시험을 칠 때마다 느끼지 않았는가? 시험에서 자신이 틀렸던 문제들을 떠올려 보자. 아마 생전 듣도 보도 못한 지식은 아니었을 것이다. 대부분은 알고는 있는데 그렇다고 확실하게 아는 것도 아닌, 그런 내용이었을 것이다. 그래서 이것인지 저것인지 헷갈리게 되어 결국 두 가지 보기 중 하나를 찍을 수밖에 없었던 게 아닌가?

반복하지 않으면 문제의 함정마다 퐁당퐁당 빠지게 된다. 아니,

함정이 없어도 헷갈린다. 응용문제에 약하다고? 문제를 조금만 비틀어도 풀기가 어렵다고? 반복 부족이 원인이며 반복만이 해결책이다. 기억하자. 성적은 아는 것이 많다고 오르는 것이 아니다. 이미 아는 것을 더 확실히 알 때 오르는 것이다.

· 사고력 상승 원칙 ·

'아는 것'과 '안다는 것을
아는 것'은 다르다

———

간단한 질문 하나! 여러분은 자신의 스마트폰에 저장된 전화번호의 수를 지금 당장 떠올릴 수 있는가? 스마트폰을 꺼내지 말고 바로 생각해 보자. 정확한 수는 모르겠더라도, 그냥 감으로 '구체적인 수'를 예측해 보는 것이다.

이제 스마트폰을 꺼내서 저장된 전화번호의 수를 확인하자. 애초에 여러분이 떠올렸던 수와는 다소 차이가 있을 것이다. 이제 이 두 개의 숫자를 다음의 공식에 대입해 보도록 한다(결과에서 +, - 부호는 생략한다).

$$\frac{\text{실제 저장된 수 - 내가 떠올린 수}}{\text{실제 저장된 수}} \times 100$$

결과가 나왔는가? 이것은 '메타인지력'이라는 능력을 테스트하는 실험이다. 결과가 0~10이라면 우수함, 10~30이라면 평범함, 30 이상이라면 부족함이라고 할 수 있다.

그렇다면 메타인지력이 무슨 뜻일까? 일단 '인지력'이란 무엇인가를 아는 능력을 말한다. 예컨대 친한 친구들의 전화번호를 기억하는 능력이라 할 수 있다. 그리고 '메타'라는 말은 '~을 넘어서는', '~을 초월하는'이라는 뜻이다. 그러니까 '메타인지력'이란 '내가 안다는 사실을 아는 능력'이라고 할 수 있다. 예컨대 내가 전화번호를 기억하는 사람이 몇 명인지를 스스로 아는 능력이다.

전화번호 자체를 정확히 기억한다면 기억력이 좋은 것이지만 만약 그 개수를 정확히 떠올릴 수 있다면 기억력이 좋다기보다는 메타인지력이 높은 것이다. 자기가 아는 것과 모르는 것을 빠르게 구별할 수 있고, 자신이 어디까지 알고 있는지도 제대로 파악할 수 있는 능력이 메타인지력인 셈이다.

메타인지력을 높이면 성적도 빠르게 오른다

사고력에 대해 다루다가 갑자기 메타인지력 이야기를 꺼낸 이유가 있다. 사고력에는 여러 가지 세부적인 능력들이 있는데, 그중에서 최고의 능력이라고 할 수 있는 것이 바로 메타인지력이기 때문이다. 이 능력이 높으면 조금만 공부해도 성적이 금방 오른다. 단순히 기억을 잘하거나 빨리 이해해서가 아니다. 자기가 '모른다는 사실'을 '정확히 알기' 때문에 이것만 쏙쏙 골라서 공부할 수 있기 때문이다.

여기서 '모르는 것'이란 "수학을 도통 모르겠어요!"라고 말할 때의 그 뉘앙스가 아니다. 그보다는, 예컨대 경제 과목을 공부한 후 '회계 비용이 실제로 지출한 비용이라면, 경제적 비용은 그럼 뭐지?'라고 생각하며 내가 지금 '경제적 비용이라는 개념을 정확히 모르고 있다는 사실'을 빠르게 파악하는 것이 메타 인지력이라는 뜻이다. 만약 내가 무엇을 모르는지 확실히 안다면 시간과 노력을 그 부분에만 집중할 수 있으니 성과가 빠르게 나타날 수밖에 없는 것이다.

그렇다면 여러분은 어떤가? 만약 앞의 테스트 결과가 '우수함'으로 나왔다면, 축하한다. 평소 들이는 노력에 비해 성적이 오르는 속도가 빠를 것이다. '부족함'이 나왔다면, 그래도 실망할 필요는 전혀 없다. 10대 때는 원래 '부족함'으로 나타나는 것이 정상이기 때문이다.

10대의 두뇌 능력은 성인과는 차이가 있다. 어떤 능력은 성인이 더 우수하고 어떤 능력은 10대가 더 우수하다. 예컨대 '기억력'은 10대가 성인보다 훨씬 우수하다. 그래서 부모가 잊어버린 약속이라도 아이들은 "저번에 그거 사 주기로 나랑 약속했잖아." 하며 잊지 않는 것이다.

그러나 10대가 성인보다 낮은 능력도 있는데, 그중 하나가 바로 메타인지력이다. 이것은 성인이 되면서 서서히 좋아지게 된다. 메타인지력은 타고나는 능력이 아니다. 훈련을 통해 성장 속도를 향상할 수 있다. 특히 공부할 때 이 능력에 초점을 맞춘 습관을 들이면 시간 관리도 효율적으로 할 수 있고 성적도 굉장히 빨리 올릴 수 있다. 구체적으로 어떻게 해야 메타인지력을 기를 수 있을까? 실제로 내가 실천했고 효과도 많이 본 방법 두 가지를 소개하겠다.

끊임없이 질문을 던지는 공부를 하자

만약 평소에 '내 폰에 저장된 번호가 몇 개지?'라는 의문을 가졌고 실제로도 자주 확인해 본 사람이라면 앞의 테스트 결과가 어땠을까? 당연히 우수함으로 나왔을 것이다. 그렇다. 메타인지력을 높이기 위해서는 평소에 '내가 제대로 알고 있나?'라는 물음을 가지고서 실제로 확인해 봐야 한다. 따라서 메타인지력을 높이는 첫 번째 방법은, 공부하는 동안 끊임없이 자신에게 질문을 던지며 스스로를 괴롭히는 것이다.

예를 들어 문제집을 풀면서 '①번 보기가 옳은 거니까 이 문제는 맞혔네' 하며 그냥 넘어가지 말고 ②·③·④·⑤번 보기에 대해서도 모두 고민해 보는 것이다. '①번이 맞으니까 나머지는 당연히 틀린 것이겠지. 근데 구체적으로 어떤 부분이 왜 틀렸을까?' 하고 스스로 생각해야 한다.

열심히 공부하는데도 성적이 오르지 않는 학생들을 보면 공통적인 특징이 있다. 이런 학생들은 ①번 보기가 맞으면 그냥 다음 문제로 곧장 넘어간다. 나머지 보기들에 관해 생각하는 것이 시간 낭비라고 느끼는 것이다. 이런 학생들은 자기가 푸는 문제 수가 적어지거나 진도가 느려지면 금세 불안해한다. 물론 시험을 칠 때는 빠르게 풀어야 하니까 그렇게 넘어가는 것이 좋지만, 평소에 공부할 때는 이렇게 하면 안 된다. 보기들을 하나하나 체크하면서 '자신이 모르는 부분'을 발견하기 위해 노력해야 한다.

실제로 나는 다섯 개의 보기를 모두 검토하는 것을 넘어서 이것과 관련된 모든 개념까지 체크했다. 예컨대 ②번 보기에서 '신석기시대에는 뗀석기를 사용하였다'라고 되어 있으면, '신석기시대에 사용한 것은 뗀석기가 아니라 간석기니까 이건 틀렸네!' 하고 넘어가지 않고 '그럼 청동기시대에 사용한 유물은 뭐지?', '철기시대에 사용한 유물은 뭐지?'라는 식으로 범위를 넓혀 계속 질문을 던지는 것이다. 그러다 보면 반드시 막히는 부분이 생긴다. 진짜 공부는 그때부터 시작이다. 해답을 찾기 위해 머리 아프게 고민해 보고, 그래도 도저히 모르겠으면 기본서를 다시 뒤적이고, 정답을 알아내면 거기에 중요 표시를 해 둔다. 이것이 '끊임없는 질문으로 자신을 괴롭히는 공부를 하라'는 말의 진짜 의미다.

이때의 질문은 '왜?'라는 질문과는 조금 다르다. '왜?'라는 질문을 던지는 것은 개념을 제대로 이해하기 위해서였다. 반면 지금의 질문은 '내가 제대로 알고 있나?'라는 질문이다. 마치 시험 출제자가 된 것처럼 자기 자신에게 문제를 내는 것이다. '빗살무늬토기가 신석기시대의 유물이라면 그럼 청동기시대의 유물은 무슨 토기야?', '철기시대의 무덤 양식은 뭐였지?'라는 식으로 계속 질문을 던져 보고, 모르는 것 같으면 즉시 기본서를 펼치자.

이렇게 공부하면 1시간 만에 반드시 녹초가 된다. 이 시간 내내 머리가 100퍼센트 풀가동 상태기 때문이다. 너무 피곤해서 몸이 마치 물에 젖은 양말처럼 축 처진다. 만약 여러분에게 이런 증상이 나타난다면, 축하한다. 공부를 제대로 한 것이다.

물론 이런 식으로 보기 하나하나까지 꼼꼼히 점검하면서 문제를 풀면 '진도'는 얼마 못 나갈 수도 있다. 그러나 불안해할 필요가 전혀 없다. 진도를 많이 나가고 문제를 많이 풀어야 성적이 오르는 것이 절대로 아니기 때문이다. 성적이란 모르는 것을 알아야 오르는 법이다. 그러니 비록 푸는 문제 수가 적더라도 문제마다 보기마다 어떻게든 자신이 모르는 것을 발견하려고 치열하게 고민해야 한다. 이렇게 공부한다면 여러분은 문제를 그저 많이 풀기만 한 친구보다 성적을 훨씬 빨리 올릴 수 있을 것이다.

주위에 공부를 잘하는 친구들을 보면 간혹 유난스럽게 공부하는 친구도 있다. 조용히 앉아 페이지를 얌전히 넘기는 공부가 아니라 이 책 저 책 다 펼쳐 놓고 앞뒤로 마구 뒤적이며 공부를 한다. 이것 풀었다가 저거 뒤적이고, 이거 꺼냈다가 저기 필기하고, 요란하기가 그지없다. 그런데 이게 진짜 공부다. 이 친구는 지금 자기가 모르는 것을 찾아내고, 해결하고, 정리하느라 그렇게 소란스러운 것이다. 이것저것 뒤적이면서 자기 머리에서 빈 부분을 확인하고 거기에 정보를 채워 넣는 중이다. 그러니 친구에게 "야, 정신없으니까 좀 조용히 해!"라고 핀잔을 주지는 말자. 여러분도 그런 자세를 배워야 한다.

공부를 마치면 반드시 '목차'를 확인하자

메타인지력을 높이는 두 번째 방법은, 공부의 마무리를 '목차'로 하는 것이다. 비슷한 이야기를 이미 이 책의 앞부분에서 한 적이 있다. 1회독에서 '제대로 이해하는 공부'를 설명하면서 '목차를 활용한 공부'를 이야기하긴 했지만, 지금 말하려는 것은 그것과는 다르다. 1회독 단계에서 목차를 활용한 이유는 이해를 제대로 하기 위함이었다. 목차를 미리 보며 '이런 것이 다뤄지는구나!'라고 감을 잡고서 교재를 읽으면 이해가 더 빠르기 때문이었다. 이에 반해 지금 3회독 단계에서의 목차는 '공부의 마무리'를 위해서 활용하는 것이다.

방법은 간단하다. 공부를 마치면 ①교재를 펼치고, ②목차만 보면서, ③관련 내용을 떠올려라. 유의할 점은 '목차만' 보는 것이다. 큰 목차를 보면서 이 아래에 어떤 중간 목차들이 있었는지 떠올려 보고, 교재에서 확인한다. 또 중간 목차를 보면서 이 아래에 어떤 소목차가 있었는지 떠올려 보고 교재에서 확인한다. 소목차를 보면서는 여기에 어떤 구체적인 내용이 있었는지 떠올리고 확인한다.

예컨대 「Ⅰ. 시민혁명」이라는 큰 제목만 보고 고개를 들어서 이 목차 안에 어떤 세부적인 목차가 있었는지 머릿속에 차근차근 떠올려 본다. '뭐가 있었지? 그래! 1. 프랑스 시민혁명 2. 미국의 독립혁명……. 아, 또 뭐가 있었지?' 생각이 안 나면 고개를 내려서 교재를 본다. '아! 맞다! 3. 영국의 명예혁명' 이제 좀 더 세부적으로 보자. '1. 프랑스 시민혁명. 여기에는 어떤 목차가 있었지? 아, 맞아! (1)프랑스의 정치적 배경'.

이런 식이다. 이해되는가? 그러니까 1회독과 3회독에서 목차를 활용하는 '순서'가 다른 것이다. 1회독에서는 개념을 읽기 '전'이나 읽는 '도중에' 목차를 확인했다. 지금 보고 있는 개념에 대해 맥락을 제대로 잡기 위함이었다. 반면 3회독에서는 '공부를 마친 후에' 목차를 확인한다. 목차만 보면서 관련 개념을 떠올리며 정말로 알고 있는지 확인하기 위함이다. 이런 식으로 눈으로 보지 않고 떠올려 봐야 자신이 아는지 모르는지 정확히 알 수 있다. 그리고 모른다는 것을 발견해야 시간과 노력도 여기에 집중할 수 있지 않겠는가?

가만히 앉아서 팔짱을 끼고 교재를 읽기만 하면 공부하기도 편하다. 이에 반해 내가 말하는 식의 공부는 인내심이 필요하다. 관련 개념을 떠올리기 위해 목차를 봐도 아무것도 생각나지 않는다. 문제를 풀면서 보기를 하나하나 검토하자니 온통 모르는 것들뿐이다. 따라서 감정적으로도 그만큼 지치기 쉽다.

하지만 괜찮다. 누구라도 마찬가지다. 내가 실력이 부족하거나 머리가 나빠서 그런 것이 아니다. 중요한 것은 쭉 참고 계속해서 나아가는 것이다. 처음이 힘들 뿐, 시간이 지나면 점점 속도도 빨라지고 이해도 한결 쉬워진다. 교재를 반복하는 횟수가 늘어날수록 생각하는 시간은 짧아지고, 교재를 뒤적이는 횟수도 줄어든다. 그래서 나중에는 목차만 봐도 개념이 술술 떠오른다. 심지어 교재를 보지 않고서도 관련된 내용을 떠올릴 수 있다. 이때는 그야말로 모든 시험 준비가 끝난 것이다.

그러니 지금은 다소 힘들게 느껴지더라도 치열하게 고민하며 공부하자. 그러면 훗날 성적표를 받을 때, 여러분은 반드시 웃게 될 것이다.

새 학기를 시작하는
여러분에게

이번 방학 동안 이 책에 실린 노하우를 잘 실천했는가? 그랬다면 이제 여러분은 예전과 완전히 달라져 있을 것이다. 지난 학기에 가장 취약했던 과목이 지금은 전략 과목으로 바뀐 학생들도 있을 것이고, 달라진 자신의 능력을 빨리 확인하고 싶은 마음에 어서 시험이 다가오기를 기다리는 학생들도 있을 것이다.

무엇보다 여러분은 공부에서 대단히 중요한 진실 하나를 깨닫게 되었다. 그동안 자신이 게을렀던 이유가 결코 의지가 약해서가 아니라 단지 방법과 시스템의 문제였다는 사실 말이다. 이번 방학 내내 '부지런해지는 시스템'을 습관으로 만들었다면, 여러분은 앞으로 어떤 공부를 하더라도 성실하게 해낼 수 있다. 성공 경험을 획득한 자신에게 자부심을 느끼고 힘껏 박수를 쳐 주자.

혹시 이번 방학에 여러 번의 실패를 겪어서 만족스럽지 않더라도

275

괜찮다. 시도한 것만으로도 대단한 것이다. 그 누구도 처음부터 완벽하지는 않다. 다들 그렇게 시도하고, 좌절하고, 또 시도하면서 조금씩 발전하는 것이다. 나 역시 그러한 과정을 거쳤기에 여러분도 결국 나아질 거라고 확신한다. 그러니 멈추지 말고 계속 나아가자.

방학이 끝나고 새 학기를 앞둔 여러분에게 덧붙여 말해 주고 싶은 것이 있다. 지금부터는 방학 때 보던 모든 교재를 덮으라는 것이다. 새 학기가 시작되면 새로운 교재(대부분은 수업 교재)를 공부해야 한다. 지난 방학에 못 끝낸 교재를 새 학기까지 끌고 가면 공부가 끝도 없이 밀린다. 혹시 못 끝낸 교재에 대한 아쉬움이 남는다면 그 아쉬움을 다음 방학의 성실한 삶을 위한 원동력으로 삼길 바란다.

다만 1~3회독의 일부를 방학 이후에도 이어서 하는 학생들이 있을 수 있다. 예컨대 방학에 1회독과 2회독을 하고 새 학기에 3회독을 하는 방식 말이다. 이런 경우라면 방학 때 보던 교재를 새 학기가 되어서도 계속 봐야 할 것이다. 그러나 이때도 우선순위는 학교 수업이다. 학교 수업의 예습과 복습을 끝내고 시간이 남을 때 비로소 나만의 공부(위의 예에서의 3회독)를 해야 한다. 이 점을 잊어서는 안 된다.

새 학기를 시작해도, 공부를 잘하기 위한 가장 중요한 원칙은 변하지 않는다. 그것은 '반복'이다. 학기가 시작되면 그날 수업의 내용을 그날 내로 몇 번씩 반복하자. 물론 이때의 반복 학습은 방학 동안 하던 것과 방법이 완전히 다르다. 학기 중에 반복 학습을 어떻게 실천하면 좋을지 그 구체적인 방법이 궁금하다면 『박철범의 하루 공부법』을 참고하길 바란다. 요일마다, 과목마다 어떻게 공부해야 하는지 자세히 설명되어 있다.

그렇게 학기를 보내고 난 뒤 다음 방학이 찾아오면 그때는 다시 이 책을 펼쳐 보자. 이런 식으로 방학이 시작하기 전에는 『방학 공부법』을, 학기가 시작하기 전에는 『하루 공부법』을 교대로 펼쳐서 그대로 실천해 보는 것이다. 그러면 수능이라는 마지막 순간까지 크게 힘들이지 않고 입시 레이스를 성공적으로 달릴 수 있을 것이다.

처음 시작 부분에서도 밝혔듯이, 나는 여러분이 공부하는 이유가 단순히 '좋은 성적을 받기 위해서'에 그치지 않았으면 좋겠다. 단지 '성적이라는 결과'보다는 공부하는 과정을 통해 앞으로 인생을 살아가는 데 더 중요한 것들, 더 가치 있는 것들을 알아 가길 바란다.

신기하게도 공부는 성적이나 등수, 점수와 같은 '결과'에 집착할수록 오히려 멀어진다. 반면 결과에 얽매이지 않고 그저 하루하루를 성실하게 살다 보면 알아서 내 곁으로 온다. 그러니 성실한 마음으로 공부를 대하자. 공부는 반드시 그 마음에 보답해 줄 것이다.

여러분의 미래가 정말 만족할 만한 순간들로 채워지기를 진심으로 바라며, 마지막으로 이 글귀를 남긴다.

달을 향해 과감히 날아가라.
설령 달에 이르지 못하더라도
당신은 별들 사이에서 빛나게 될 것이다.

_노먼 빈센트 필

성적 급상승을 부르는 방학 맞춤형 공부법

박철범의 방학 공부법

초판 1쇄 발행 2015년 12월 10일

개정 1쇄 발행 2023년 10월 24일
개정 2쇄 발행 2023년 12월 29일

지은이 박철범
펴낸이 김선식

부사장 김은영
콘텐츠사업2본부장 박현미
책임편집 권예경 **책임마케터** 문서희
콘텐츠사업7팀장 김단비 **콘텐츠사업7팀** 권예경, 이한결, 남슬기
마케팅본부장 권장규 **마케팅1팀** 최혜령, 오서영, 문서희 **채널1팀** 박태준
미디어홍보본부장 정명찬 **브랜드관리팀** 오수미, 김은지, 이소영
뉴미디어팀 김민정, 이지은, 홍수경, 서가을, 문윤정, 이예주 **크리에이티브팀** 임유나, 박지수, 변승주, 김화정, 장세진, 박장미, 박주현
지식교양팀 이수인, 염아라, 석찬미, 김혜원, 백지은 **브랜드제휴팀** 안지혜
편집관리팀 조세현, 백설희 **저작권팀** 한승빈, 이슬, 윤제희
재무관리팀 하미선, 윤이경, 김재경, 이보람, 임혜정
인사총무팀 강미숙, 지석배, 김혜진, 황종원
제작관리팀 이소현, 김소영, 김진경, 최완규, 이지우, 박예찬
물류관리팀 김형기, 김선민, 주정훈, 김선진, 한유현, 전태연, 양문현, 이민운
외부스태프 글 정리 이은영, 한지윤 표지 디자인 studio forb 본문 디자인 스튜디오 수박 표지 그림 BF.

펴낸곳 다산북스 **출판등록** 2005년 12월 23일 제313-2005-00277호
주소 경기도 파주시 회동길 490 다산북스 파주사옥
전화 02-704-1724 **팩스** 02-703-2219 **이메일** dasanbooks@dasanbooks.com
홈페이지 www.dasan.group **블로그** blog.naver.com/dasan_books
용지 스마일몬스터 **인쇄** 민언프린텍 **제본** 다온바인텍 **코팅 및 후가공** 제이오엘엔피

ISBN 979-11-306-4777-7 (13370)

다산북스(DASANBOOKS)는 독자 여러분의 책에 관한 아이디어와 원고 투고를 기쁜 마음으로 기다리고 있습니다.
책 출간을 원하는 아이디어가 있으신 분은 다산북스 홈페이지 '원고투고'란으로 간단한 개요와 취지, 연락처 등을 보내주세요.
머뭇거리지 말고 문을 두드리세요.